초등과학 주제학습 07 **식물**

식물 학교에 오세요!

김성화, 권수진 지음 | 이민하 그림

북멘토

| 들 | 어 | 가 | 는 | 글 |

이 책은 풀과 나무의 이야기예요. 공룡과 고래, 이상한 괴물 이야기는 재미있지만 진짜로 볼 수는 없지요(고래는 볼 수도 있지만 배를 타고 먼 바다에 나가서 진짜 고래를 볼 기회는 별로 없어요). 하지만 풀과 나무는 어디에나 있고 늘 볼 수 있어요. 그래서 마음만 먹으면 멋진 일을 해 볼 수 있답니다. 아무나 할 수 있지만 아무나 하지 않는 일! 자세히 꼼꼼하게 식물 관찰하기!

에게? 겨우 식물을 쳐다보는 것이 뭐가 멋진 일이냐고요? 그렇게 생각한다면 식물들이 몹시 섭섭해 할 거예요. 날마다 조금씩, 하루 이틀 사흘, 오래오래 식물을 관찰하다 보면 정말로 식물이 궁금해져요. 식물이 궁금해지기만 해도 여러분은 벌써 훌륭한 식물학자랍니다.

차례

고개를 돌리면 어떤 식물이 보이나요?

우리 동네에 식물이 살고 있어요! 08

식물 세계 지도 10

옛날에 식물 탐험가가 있었는데요 14

린네가 식물을 분류한 이야기 18

놀라운 식물 20

바쁜 식물 이야기

식물이 햇빛을 먹어요 - 광합성 이야기 26

식물의 똥 32

지구의 녹색공장 잎 36

바쁜 뿌리 42

식물이 땀을 흘려요 - 증산 작용 50

줄기 속에 무엇이 있을까? 52

꽃과 씨앗 62

식물에만 있는 신비한 눈 이야기 76

숲으로 오세요

숲이 부자예요! 86

우리 동네에 식물이 살고 있어요!

여러분 동네에는 식물이 살고 있나요? 솔직히 말하면 옛날에 나는 우리 동네에 식물이 살고 있는지 몰랐답니다. 내가 눈여겨보지도 않고, 궁금하지도 않고, 이름도 몰랐기 때문에 나무와 풀이 아무리 많이 있어도 나한테는 식물이 돌멩이나 찻길과 다를 것이 없었지요.

하지만 지금은 다르답니다. 식물이 위대하게 보이고 식물의 비밀이 자꾸 알고 싶어져요. 나무껍질 속에서, 나뭇잎 속에서 어떤 일이 일어나고 있을까 상상해 봅니다. 그리고 초록손가락을 가진 아이처럼 식물을 잘 기르고 싶어졌어요. 그래서 말인데, 여러분은 어릴 적 나와 같지 않기를 정말정말 바란답니다. 여러분 동네에 살고 있는 식물을 절대로 평범하게 보지 말기를! 학교에 가다가 멈추어 서서 나뭇잎을 들여다보고, 나무 속 구멍도 쑤셔 보고, 나무와 풀들이 어떻게 살까 생각해 보고, 풀잎을 따서 소꿉놀이도 하고, 식물도감을 구해서 책장이 닳도록 뒤적거리고, 나무와 풀 이름도 외워 보세요.

나무도 우리처럼 밥을 먹고 조금씩조금씩 키가 자란답니다. 아직 추운 봄날, 나무 겨드랑이에서 조그맣고 씩씩한 눈이 터 세상에 나옵니다. 눈이

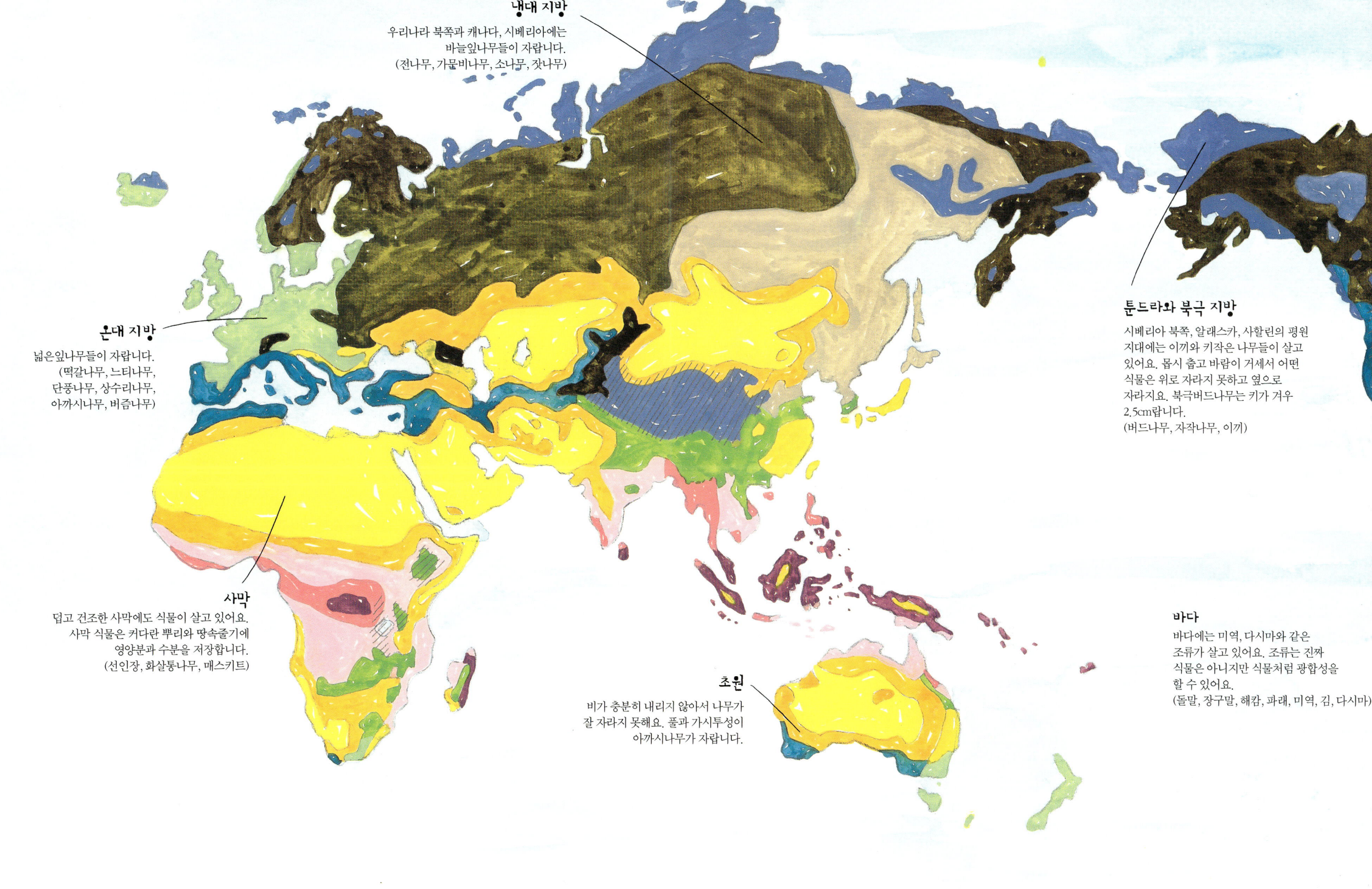

자라서 무엇이 되는지
관찰해 보세요. 땅을 꼼꼼히 관찰하면
어느 날에는 흙을 비집고 싹이 솟아나는 것을 볼 수 있어요. 어느 날은 꽃이 피고, 또 어느 날은 열매가 맺히고, 씨앗이 멀리멀리 떠나는 것도 볼 수 있지요. 청진기가 있으면 정말 좋은데! 나무가 물을 빨아올리고 숨쉬는 소리를 들을 수 있답니다.

바쁜 뿌리, 부지런한 잎, 이것저것 챙기는 줄기……. 게으름뱅이 식물은 하나도 없지요. 여러분 동네에 부지런한 식물들이 살고 있어요.

 ## 식물 세계 지도

지구 어디에나 식물이 살고 있습니다. 식물은 동물이 살기 힘든 곳에도 살고 있지요. 북극과 남극, 사막, 바다, 뜨거운 열대 지방에도 식물들이 날씨와 토양, 환경에 딱 맞게 진화하여 살고 있어요. 지구에는 동물보다 식물이 훨씬 더 많습니다. 지구에 살고 있는 식물의 무게를 모두 더하면 지구에 살고 있는 동물의 무게를 모두 더한 것보다 999배나 더 무겁답니다!

펼쳐 보세요

남극 대륙
남극은 일 년 내내 물이 꽁꽁 얼어붙어 있지요. 이렇게 추운 남극의 바위에도 이끼가 살고 있습니다. 남극에 사는 이끼는 아주아주 느리게 자랍니다. 손톱만한 넓이로 자라는 데 50~60년이 걸려요!

열대 우림
지구에 사는 식물 종의 거의 절반이 열대 우림에 살고 있어요. 열대 우림에 어떤 식물이 사는지 과학자들도 아직 다 알아내지 못했지요.
(야자나무, 나그네나무, 빵나무, 고무나무)

고산 지대
춥고 바람이 거세며 비가 거의 오지 않습니다. 추위와 바람을 이기려고 고산 식물은 키가 아주 작고 서로 가까이 모여 살아요.
(에델바이스, 패랭이, 구상나무, 주목나무)

옛날에 식물 탐험가가 있었는데요

식물을 연구하는 과학자는 식물학자입니다. 여러분은 식물학자가 어떻게 일하는지 잘 모르겠지요? 나도 시시콜콜 자세히는 모릅니다. 하지만 식물이 가만히 있다고 해서 식물학자도 연구실에 가만히 앉아 꼼짝 않고 연구만 하는 것은 아니랍니다. 식물학자들은 희귀한 식물을 찾아 온 세상을 탐험하기도 합니다.

 2~3백 년 전에는 식물 탐험가들이 특별히 많이 활동했습니다. 옛날옛날에 사람들은 바다 건너 다른 곳에는 다른 식물이 산다는 걸 알고 깜짝 놀랐습니다. 어떤 사람들은 자기 집 정원에서 식물을 기르는 것으로 만족했지만, 어떤 사람들은 한 번도 본 적 없는 식물을 찾아 세상 끝까지 탐험을 떠났습니다. 이렇게 해서 식물 탐험가가 생겨났지요.

 식물 탐험가들은 새로운 식물을 찾으려는 열정에 불타서 열대의 정글로, 북극으로, 사막으로, 높고 높은 산꼭대기로 수만 킬로미터를 여행했습니다. 지도를 들고, 튼튼한 장화를 신고, 식물 채집통과 압착 도구를 챙겨서 말이에요. 식물 탐험가들은 식물을 채집하기 위해 때로는 목숨까지 바쳐야 했답니다. 열대 지방에 갔다가 모기떼에 물려 죽고, 열사병에 걸려 죽고, 희귀한 식물을 찾아 절벽을 오르다가 떨어져 죽고, 들소나 표

범이 빠져 있는 함정에 떨어져 죽기도 했습니다.

식물을 모으고, 모으고, 또 모으고! 식물 탐험가들은 아내와 자식을 버려 두고, 재산을 기꺼이 바쳤습니다. 고향에서 떵떵거리며 편안하고 우아하게 살 수도 있었을 텐데 식물 탐험가들은 그럴 수 없었지요. 자기들도 어쩔 수 없이 식물에 홀려서 일생 동안 불편하고 힘들고 수고롭게 살았습니다. 그래서 옛날에 식물학자 린네는 이렇게 부르짖었답니다.

"신이시여! 저 많은 식물 탐험가들의 슬픈 운명을 생각할 때, 나는 묻게 됩니다. 식물 수집에 대한 열정 때문에 목숨과 재산과 자신의 모든 것을 절망적으로 내건 남자들이 과연 제정신을 가진

인간인가 하고 말입니다."

　식물 탐험가들은 새로운 식물을 채집하고 관찰하고 표본으로 만들면서 일기를 쓰고 편지를 남겼습니다. 배에서 지내거나 들판을 헤매거나 산 속을 돌아다닐 때에도 공책과 펜을 잊지 않았지요. 먼 나라에 살고 있는 식물들, 처음 보는 신기한 식물들, 식물을 관찰하고 채집한 이야기를 끝없이 썼습니다. 그리고 탐험을 끝내고 돌아와서 죽을 때까지 자기가 수집한 식물을 연구하고 정리하며 살았지요(또다시 탐험을 떠나지 않았다면 말이지요).

　식물 탐험가 할아버지들 덕분에 세상에 어떤 식물들이 있는지 차츰차츰 밝혀졌습니다. 그리고 유럽에 아시아와 아프리카와 아메리카의 식물들이 자라게 되고, 아시아에도 유럽과 아메리카의 식물들이 자라게 되었지요. 지금 살아 있다면 식물 탐험가 할아버지들은 2백 살, 3백 살이 되었을 거예요. 그러니까 세상에 어떤 식물이 살고 있는지 사람들이 알게 된 게 그리 오래 전 일이 아니랍니다.

　지금도 세계 곳곳에는 식물을 탐험하는 사람들이 있습니다. 식물 탐험가들은 정글과 사막을 헤매다니고, 북극도 마다하지 않고, 거대한 산을 오르내리며 새로운 식물을 찾고 있지요. 또, 세계 곳곳의 식물들이 어떻게 자라고 경쟁하고 꽃을 피우는지, 어떤 향기와 독을 만드는지, 어떻게 씨앗을 퍼뜨리는지 꼼꼼하게 관찰합니다.

　지금은 비행기나 인공 위성도 있고, 2~3백 년 전에 비하면 장비도 훨씬 좋아졌습니다. 손전화가 있고 지도도 훌륭해서 길을 잃을 염려도 많이 줄었지요. 표본을 만드는 기술도 좋아졌고, 훌륭한 카메라와 컴퓨터도 있습니다. 그래서 이 세상에 식물이 모두 몇 종류가 있는지 사람들이 잘 알게 되었을까요? 식물학자들에게 물어 보세요. 안타깝게도 고개를 흔들 것입니다. 식물학자들도 이 세상에 어떤 식물들이 있는지 다 알지 못합니다! 간신히 새로운 식물을 하나 더 찾는다고 해도 새로운 식물이 얼마나 더 있을지는 여전히 모를 뿐이지요.

린네가 식물을 분류한 이야기

칼 본 린네(Carl von Linnè)

이 아저씨가 린네입니다. 위대한 식물학자이고 식물 탐험가이지요. 린네는 1707년에 태어났습니다. 린네의 아버지는 구두 수선공이 되라고 린네를 구두장이 집에 보냈습니다. 하지만 우여곡절 끝에 린네는 식물학자가 되었지요. 린네는 동네 사람들 구두를 고쳐 주지는 못했지만 수많은 식물을 잘 분류해서 식물마다 이름을 훌륭하게 지어 주었답니다.

1700년대에는 한창 새로운 식물이 발견되고, 발견되고, 또 발견되었지만 그때마다 식물학자들은 편리한 대로 이름을 지었습니다. 그래서 식물의 이름이 점점 더 길어지고 복잡해졌습니다. 식물 이름을 말하려면 숨이 차서 한 번에 다 못 부를 지경이었지요. 이름이 뒤죽박죽, 나중에는 같은 식물을 이야기하는 건지 다른 식물을 이야기하는 건지, 다른 사람이 벌써 발견한 것인지 새로 발견한 것인지 식물학자들끼리도 헷갈리고 알 수가 없었습니다.

린네는 수많은 식물을 잘 분류하여 체계를 세우고, 식물학자들이 헷갈리지 않고 똑같이 부를 수 있는 이름을 짓는 것이 무엇보다 중요한 일이라는 걸 알았어요. 다행히 린네는 무엇이든 체계를 세워 정리하는 것을 좋아했지요(그것이 지나쳐서 아내와 싸우기도 했습니다. 옷을 서랍에 정리할 때 아내는 남자 옷, 여자 옷으로 정리했고 린네는 밤에 입는 옷, 낮에 입는 옷, 하얀 옷, 색깔이 하나 있는 옷, 색깔이 여러 개 있는 옷으로 정리해야 한다며 서랍을 홀딱 뒤집어 놓았지요).

린네는 훗날 식물의 이름을 지으면서 사람의 이름이 성과 이름이 나란히 있는 것처럼 식물도 이름 두 개를 나란히 붙여서 한 이름이 되도록 했습니다.

떡갈나무의 학명은 '쿠에르쿠스 덴타타(*Quercus dentata*)'예요. 앞에 있는 이름 쿠에르쿠스를 속명이라 하고, 뒤에 있는 이름 덴타타를 종명이라고 하지요. 속명과 종명 두 개를 나란히 쓰면 식물학자들은 어떤 식물을 말하는지 정확하게 알 수 있습니다. 예를 들어 우리는 도토리가 열리는 나무를 모두 참나무라고 부르지만 그냥 참나무는 없습니다. 도토리가 열리는 나무에는 상수리나무, 졸참나무, 신갈나무, 떡갈나무, 굴참나무, 갈참나무 따위가 있지요. 참나무라고 말하면 이 모두가 다 참나무인 거지요. 린네의 이름법에 따르면 참나무는 속명입니다.

린네는 동물도 똑같은 방식으로 이름을 지었습니다. 사람들은 곰을 모두 곰이라고 부르지만 이 세상에 그냥 곰은 없답니다. 대신 북극곰, 갈색곰, 회색곰, 반달곰이 있지요. '곰'이라는 속명에 '북극에 사는'이라는 뜻의 종명을 나란히 써서 '북극곰'이라고 부릅니다. 사람은 '호모 사피엔스(*Homo sapience*)'예요. 호모는 사람이라는 뜻이고 속명이에요. 사피엔스는 지혜롭다는 뜻이고 종명이지요.

세계의 모든 과학자들은 린네가 발명한 이름법을 따라서 식물과 동물의 이름을 짓고 부릅니다.

놀라운 식물

나는 식물이 외계인보다 더 신기합니다. 식물은 정말로 이상하게 생겼어요. 몸의 반쪽은 땅 속에 있고, 뇌도 없고, 입도 없고, 팔다리도 없고! 그러면서 지구 전체에 퍼져서 살고 있지요. 식물은 잘려도 계속 살 수 있어요. 스스로 상처를 아물게 하고 새로 가지가 돋아나지요. 식물은 몸에 커다란 구멍이 생겨도 살 수 있어요. 커다랗고 오래된 나무는 몸통이 뻥 뚫려 있어도 아무렇지도 않게 살아가지요. 때때로 나는 이렇게 생각해 봅니다. 머나먼 외계 행성에 신기한 생물체가 살고 있는 게 아니라, 내가 살고 있는 지구에 우주에서 가장 신기한 생물이 살고 있다고.

식물은 여러분이 상상도 할 수 없는 일을 할 수 있답니다. 식물은 햇빛을 먹을 수 있어요! 소도 공룡도 사자도 개미도 그 어떤 동물도 햇빛을 먹을 수 없는데 식물은 햇빛을 먹을 수 있습니다. 우리들은 햇빛으로 살갗을 태우거나 몸을 따뜻하게 할 뿐이지만 식물은 햇빛을 먹고, 햇빛으로 물과 이산화탄소를 요리해서 뿌리와 줄기, 잎을 만든답니다. 과학자들은 겨우 100년 전에야 이 요술같은 일에 대해서 그럭저럭 알게 되었지요(과학자들은 식물의 요술을 딱딱하고 재미도 없게 광합성이라는 이름으로 부르기로 했습니다).

식물은 외계인처럼 서로에게 텔레파시를 보낼 수 있어요. 아프리카의 아카시아나무는 코끼리가 나뭇잎을 뜯어 먹으면 소리 소문 없이 옆에 있는 다른 아카시아나무들에게 '조심해!' 하고 알려 줍니다. 그러면 다른 아카시아나무들은 재빨리 독을 만들어요. 코끼리가 아카시아나뭇잎을 먹으려다가 '우왝' 뱉어 내고 다른 아카시아나무를 찾아갑니다. 하지만 주위에는 모두 독이 든 잎뿐이라 아카시아나뭇잎을 먹으려면 멀리까지 가야만 하지요.

식물은 발도 날개도 없어서 스스로 돌아다닐 수 없어요. 그런데도 남극에서 북극까지, 들판에서 산꼭대기까지 세계 곳곳 어디든지 식물이 살고 있지요. 식물은 동물들이 얼어 죽을 만큼 추운 날씨도 견딜 수 있습니다. 시베리아에는 칼바람과 눈보라가 거세게 몰아치고 기온은 영하 20~30°C 아래로 내려가지요. 그래도 시베리아에 사는 바늘잎나무들은 얼어 죽지 않습니다.

이 세상에서 누가 가장 크고 몸무게가 가장 많이 나갈까요? 몸무게 세계 챔피언이 동물일까요, 식물일까요? 고래보다도 공룡보다도 더 크고 더 무거운 식물이 있답니다! 미국에 있는 거대한 사시나무는 무게가 6,000톤이고 줄기가 47,000개나 됩니다. 인도에 사는 늙고 유명한 무화과나무는 어찌나 큰지 나무 그늘 아래에 어른 7,000명이 앉아 쉴 수도 있지요.

이 세상에서 누가 가장 나이가 많을까요? 나무는 천 년도 살 수 있습니다. 강원도 삼척에는 우리나라에서 가장 나이 많은 나무가 살고 있어요. 그 느티나무 할아버지는 1,200살이 넘었답니다. 충청북도 청원군 강

외면에는 1,000살이 넘은 엄나무가 있고, 강화도에는 400살 된 탱자나무들이 살고 있지요. 미국에는 세계에서 가장 나이가 많은 나무가 살고 있습니다. 캘리포니아 주에 있는 강털소나무예요. 과학자들은 강털소나무의 나이를 알려고 줄기에 구멍을 뚫고 간신히 나이테를 관찰했지요. 그랬더니 그 소나무는 나이가 무려 4,700살이나 되었습니다!

우주 멀리에서 오는 햇빛을 먹고, 텔레파시도 보낼 수 있고, 믿을 수 없을 만큼 거대하게 자라고, 아무리 추워도 얼지 않고, 천 년도 우습게 살고……. 식물을 공부하다 보면 깜짝 놀랄 일이 자꾸 생기지요. 그리고 신기하게도, 식물과 동물이 비슷하다는 것을 알게 된답니다. 나는 식물과 동물이 다른 줄만 알았는데, 식물과 동물이 비슷해서 또 한 번 깜짝 놀랐지요.

식물도 동물도 모두 세포로 되어 있어요. 세포들이 수도 없이 모이고 쌓여서 참나무, 강아지, 여러분이 되었어요.

식물도 동물처럼 숨을 쉰답니다. 식물은 코로 공기를 마시지 않고 잎 속에 있는 작은 구멍(기공)으로 공기를 들이마셔요. 식물의 잎 속에 있는 작은 구멍이 코와 같아요. 식물도 여러분처럼 땀을 흘려요. 식물은 기공으로 언제나 물(수증기)을 내보내고 있는데, 날씨가 더울 때는 물을 더 많이 내보냅니다. 여러분처럼 식물도 잠을 잡니다. 미모사는 저녁이 되면 잎을 축 늘어뜨리고 잠을 자고, 나무들은 겨울이 되면 하던 일을 멈추고 겨울잠을 자지요.

식물은 나와 닮은 곳이 한 군데도 없는데, 나와 똑같이 살아 있고, 숨을 쉬고, 밥을 먹고, 땀을 흘리고, 잠을 자고, 자손도 퍼뜨립니다. 이제부터 식물의 놀라운 비밀을 차근차근 배워볼까요?

바쁜 식물 이야기

식물이 햇빛을 먹어요 - 광합성 이야기

햇빛은 날마다 먼 우주 공간을 날아와 지구를 비추어 줍니다. 햇빛은 돌덩어리 행성 지구를 따뜻하게 만들고, 커다란 바람을 일으키고, 바닷물을 하얀 구름으로 바꾸어 주지요. 하지만 식물이 없다면 햇빛의 요술도 여기서 멈추고 만답니다. 식물은 동물이 할 수 없는 일을 할 수 있어요. 동물은 다른 동물이나 식물을 먹어야 살 수 있지만 식물은 햇빛을 먹고, 햇빛에너지로 물과 이산화탄소를 요리해서 스스로 영양분을 만들어 내지요. 햇빛과 이산화탄소와 물만 먹고도 어떤 식물은 천 년을 살고, 어떤 식물은 공룡보다 더 크게 자랍니다. 생각해 보세요. 이 세상에 풀과 나무가 얼마나 많은지. 들판과 숲과 길가에 자라는 수많은 풀과 나무들이 모두 햇빛의 힘으로 자란답니다. 식물이 햇빛을 먹고 자라면 곤충과 새와 짐승과 여러분이 식물을 먹지요.

도대체 식물은 어떻게 햇빛을 먹을까요? 식물이 어떤 요술을 부리는 걸까요?

식물의 녹색 잎 속에는 아주 조그만 요술쟁이가 살고 있어요. 이 요술쟁이는 햇빛을 좋아하고 햇빛과 아주 친하답니다. 과학자들은 이 요술쟁이의 이름을 **엽록소**라고 지었어요. 엽록소는 아주아주 작은 녹색 알갱이예요. 엽록소가 녹색이어서 나뭇잎과 풀잎이 녹색으로 보인답니다. 엽록소는 **엽록체**라는 방에서 살고 있어요. 식물의 잎은 수많은 세포로 되어 있고, 세포 속에 엽록체가, 엽록체 속에 엽록소가 들어 있지요.

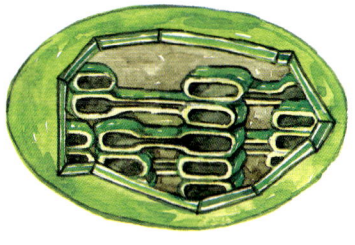

식물의 잎은 수많은 세포로 되어 있고, 세포 속에 엽록체가, 엽록체 속에 엽록소가 들어 있습니다.

햇빛이 잎에 닿으면 엽록소가 잠에서 깨어나 빛에너지를 먹습니다. 그러면 엽록체 방에서 물과 이산화탄소에 빛에너지를 듬뿍 섞어서 포도당을 만들기 시작하지요(뿌리가 땅 속에 있는 물을 빨아올리고, 잎이 공기 중에 있는 이산화탄소를 빨아들여요). 포도당은 식물에게 밥과 반찬, 고기와 다름없답니다. 포도당이 변하여 줄기와 잎과 꽃과 열매가 되지요. 식물이 이렇게 물과 이산화탄소를 먹고 햇빛을 쬐어 포도당을 만드는 일을 **광합성**이라고 부릅니다.

햇빛이 포도당으로 바뀌고, 포도당이 뿌리와 줄기와 잎이 되고

광합성으로 포도당을 만든 다음 식물은 포도당을 쪼개고 붙이고 합쳐서 녹말, 섬유소, 과당, 설탕, 지방, 단백질과 같은 여러 가지 영양분으로 바꿉니다. 식물 스스로 만들어 낸 이 놀라운 영양분을 여러분도 찾을 수 있어요.

녹말은 잎과 씨앗과 줄기와 뿌리 속에 들어 있어요. 잎에 들어 있는 녹말은 직접 보기 어렵지만 씨앗과 줄기와 뿌리에 들어 있는 녹말은 쉽게 볼 수 있어요. 쌀과 보리, 감자, 고구마가 바로 녹말 덩어리예요. 녹말 덩어리를 말린 후 빻으면 하얀 가루가 됩니다. 녹말 가루는 냄새도 없고 곰팡이도 슬지 않고 더워도 썩지 않고 추워도 얼지 않습니다. 녹말로 된 어떤 씨앗은 수백 년 동안 썩지 않고 있다가 수백 년 만에 싹을 틔우는 신기록을 세웠답니다. 섬유소는 식물에 고르게 퍼져 있어요. 섬유소는 식물의 세포를 튼튼하게 감싸고 줄기를 단단하게 만들어서 식물이 쉽게 쓰러지지 않도록 해 줍니다. 과당은 과일 속에 들어 있고, 설탕은 순무와 사탕수수 속에 들어 있어요. 우리가 먹는 설탕은 사탕수수로 만들었어요. 지방은 깨와 잣 속에 많이 들어 있고, 단백질은 콩 속에 많이 들어 있습니다.

잎에서 양분을 만들면 그 양분은 뿌리와 줄기와 가지로 가서 식물을 자라게 한답니다. 가지도 줄기도 이 양분을 먹고 점점 자라고 두꺼워지지요. 새 잎도 돋아난답니다. 양분이 뿌리로 내려가면 뿌리가 자라고 새로운 뿌리가 뻗습니다. 꽃은 이 양분을 마시고 아름다운 색깔과 향기를 만들어요. 양분이 열매로 가면 달콤한 살과 즙이 됩니다. 이 양분을 가지고 양귀비는 사람을 죽일 수도 있는 마취제를 만들고, 후추나무는 매운 후추를, 참나무는 쓰고 떫은 탄닌을, 고무나무는 고무를 만들지요.

상상해 보세요. 녹색 잎, 단단한 나무 줄기, 거칠고 딱딱한 나무 껍질, 땅 속의 뿌리, 하얗고 빨갛고 노란 예쁜 꽃잎들, 단단한 씨앗과 맛있는 열매, 쓰고 떫은 독, 달콤한 꽃가루, 흠흠 향기로운 꽃 냄새까지! 식물은 햇빛과 이산화탄소와 물을 가지고 이것들을 모두 만든답니다.

광합성의 비밀을 알게 되어도 나는 자꾸자꾸 신기해요. 만질 수도 없는 햇빛, 투명한 물방울, 보이지도 않는 공기가 섞이고 쪼개지고 합쳐져서 단단한 줄기와 뿌리와 녹색 잎으로 바뀐다는 것이 나는 아직도 잘 믿기지 않는답니다.

양파는 동그란 비늘줄기에, 감자는 덩이줄기에, 무는 뿌리에 양분을 저장합니다.

바쁜 식물 이야기 29

혼자서는 못사는 식물

광합성을 하지 않아서 스스로 양분을 만들지 않는 **기생식물**도 있습니다.
기생식물은 엽록소가 없고 녹색잎도 없어서 다른 식물에 달라붙어 양분을 훔쳐 먹고 살아가지요.

갯더부사리
바닷가 모래땅에 살아요. 사철쑥 뿌리에 뿌리를 내리고 양분을 빨아 먹어요.

새삼
잎이 아예 없습니다. 처음에는 땅 위에서 자라다가 식물을 만나면 줄기에서 흡반이 나와 달라붙습니다.

겨우살이
참나무에 붙어살아요. 광합성을 할 수 있지만 양분을 조금밖에 못 만들어서 다른 나무 가지에 뿌리를 박고 살아갑니다.

수정란풀
썩은 나무에 붙어살아요. 잎도 줄기도 하얘서 별명이 시체꽃이에요.

라플레시아
열대 지방의 덩굴 식물에 붙어삽니다. 라플레시아 꽃은 지름이 1m로 세계에서 제일 크고 시체 냄새를 풍깁니다.

식물은 광합성을 해서 양분을 만들지만 잘 자라려면 질소와 인 같은 영양분도 필요합니다. 어떤 식물은 땅 속에 이런 영양분이 부족하면 벌레를 잡아먹어 영양분을 보충하지요. 이런 식물을 **식충식물**이라고 합니다. 식충식물은 광합성을 하기 때문에 오랫동안 벌레를 잡아먹지 못해도 더 자라지 않을 뿐 죽지 않습니다.

통발
연못이나 도랑에 살아요.
실 모양의 줄기에 공기 주머니가 있어요.
공기 주머니는 보통 때는 닫혀 있지만 작은 벌레가 닿으면 갑자기 문이 열려 순식간에 벌레를 빨아들입니다.

끈끈이주걱
주걱 모양 잎에 끈적끈적한 털이 많이 달려 있어요. 벌레가 잎에 앉으면 잎이 둥그렇게 말리고 잎에서 끈적끈적한 소화액이 나와 벌레를 녹입니다.

파리지옥
미국의 습지대에 살고 있어요. 파리가 잎에 난 털을 건드리면 0.3초만에 잎이 조개처럼 닫힙니다. 파리가 몸부림을 칠수록 잎은 더욱 세게 조이고 잠시 후 파리의 몸이 녹기 시작해요.

식물의 똥

휴! 식물이 햇빛을 먹을 줄 아는 게 얼마나 다행스러운 일인지! 식물이 햇빛을 먹고 자라면 곤충과 새와 짐승과 여러분과 내가 식물을 먹으니까요. 식물은 우리의 밥이 될 뿐 아니라 우리가 숨쉴 수 있게 해준답니다. 여러분은 날마다 마시는 산소가 어디서 왔을까 생각해 본 적이 있는지! 산소가 우주에서 왔을까? 처음부터 하늘에 있었을까?

까마득한 옛날부터 오래오래 수많은 식물들이 날마다 산소를 만들어서 공기 속으로 보내주었답니다. 하지만 식물이 우리를 위하여 산소를 만든 것은 아니었지요.

식물의 녹색 잎이 이산화탄소와 물과 햇빛으로 양분을 만들고 나면 찌꺼기가 생기는데, 그 찌꺼기가 바로 산소입니다. 그래서 나는 산소를 식물의 똥이라고 부른답니다. 그런다고 식물에게 실례가 되는 건 아니겠지요? 식물은 양분을 만들고 남은 산소똥을 마구마구 지구에 내뿜고 있습니다. 까마득히 먼 옛날부터 동물들은 식물이 버린 산소똥을 마시며 살아왔지요.

과학자들은 식물이 산소를 만든다는 것을 어떻게 알게 되었을까?

1772년에 영국에 프리스틀리 목사님이 살고 있었습니다. 프리스틀리 목사님은 과학 실험을 너무나 좋아했지요. 그때는 과학자들이 막 공기를 연구하기 시작했을 때랍니다. 공기가 한 가지 물질로 된 것이 아니라 공기 속에 여러 가지 기체가 들어 있다는 것을 알고 과학계가 들썩거렸지요. 과학자들은 보이지도 않는 공기 속에서 보이지도 않는 질소, 이산화탄소, 산소를 발견했습니다. 프리스틀리는 그 중에서 산소를 발견했어요.

어느 날 프리스틀리는 유리 상자에 촛불을 넣고 틈새가 없도록 꼭 막았어요. 그러자 얼마 안 가 촛불이 꺼져 버렸습니다. 프리스틀리는 다시 한 번 실험해 보았어요. 이번에는 유리 상자에 생쥐를 넣고 틈새가 없도록 꼭 막았지요. 그랬더니 얼마 안 가 쥐도 죽어 버렸습니다.

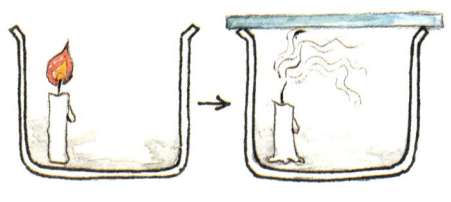
촛불이 꺼졌어요.

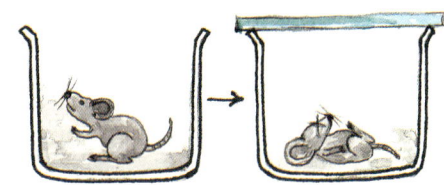
쥐가 죽었어요.

프리스틀리는 이번에는 유리 상자 안에 녹색 식물이 심어져 있는 조그만 화분을 같이 넣었습니다. 그러자 촛불도 꺼지지 않았고, 쥐도 죽지 않았어요!

촛불이 타고 있어요.

쥐가 살아 있어요.

프리스틀리는 촛불이 타거나 쥐가 숨을 쉴 때는 공기가 더럽혀지는데, 식물이 깨끗한 공기를 내보내서 더러워진 공기를 깨끗하게 해 주는 거라고 생각했지요. 프리스틀리는 식물이 깨끗한 공기를 내보낸다는 사실을 처음으로 알아냈고, 이 깨끗한 공기가 산소라고 생각했습니다. 프리스틀리가 식물을 좀더 오래 연구했으면 좋았을 텐데, 프리스틀리는 햇빛이 있어야만 식물이 산소를 내보낸다는 사실을 발견하지는 못했지요.

　그 무렵 네덜란드의 의사 잉겐호우스가 프리스틀리의 책을 읽었습니다. 잉겐호우스는 프리스틀리의 실험 이야기를 읽고 어찌나 신기했던지 주사 바늘을 팽개치고 식물 연구를 시작했지요. 1779년에 잉겐호우스는 프리스틀리와 다르게 실험해 보았습니다. 잉겐호우스는 수초를 물 속에 넣고 햇빛을 쬐었습니다. 얼마 후 물 속에서 산소 방울이 보글보글 올라왔어요. 하지만 수초를 똑같이 물 속에 넣고 어두운 곳에 두었을 때는 산소 방울이 올라오지 않았습니다. 잉겐호우스는 식물이 햇빛이 있을 때만 산소를 내보낸다고 발표했어요.

이산화탄소 + 물 —햇빛→ 포도당 + 산소

식물은 이산화탄소, 물, 햇빛을 먹고
포도당과 산소를 만들어요.
이것을 광합성이라고 합니다.

식물도 숨을 쉬어요!
식물도 산소를 마십니다. 산소는 식물의 몸 속에서
양분을 태워 식물에게 필요한 에너지를 만듭니다.
광합성을 할 때는 산소가 찌꺼기로 나오지만
식물이 숨을 쉴 때는 사람이나 다른 동물과
마찬가지로 산소를 들이마시고
이산화탄소를 내놓습니다.
사람이나 대부분의 동물은 코로 숨을 쉬지만
나무는 잎과 나무껍질에 있는 숨구멍(기공)
으로 숨을 쉽니다.

만약에……
지구에 햇빛을 먹을 수 있는
식물이 없다면 어떻게 될까요?
식물이 햇빛을 먹지 않고
다른 생물이나 쇳덩어리를 먹고 산다면
어떤 일이 벌어질지 상상해 보세요.

지구의 녹색공장 잎

식물이 광합성을 해서 양분을 만들고, 산소를 만들고! 이 놀라운 일이 모두 조그만 녹색잎에서 일어나지요. 세계의 공장들이 한꺼번에 멈춰버려도 우리는 살 수 있지만, 풀과 나무에 달려 있는 조그만 녹색공장들이 한꺼번에 문을 닫으면 새와 곤충, 짐승들과 여러분과 나, 우리들 모두 지구에서 살 수 없답니다.

다행히 지구 어디서든 녹색공장이 조용조용히, 그렇지만 잠시도 쉬지 않고 돌아가고 있어요. 밤이 되어 햇빛이 사라지면 이번에는 지구 반대편에서 수많은 녹색 공장들이 깨어나 부지런히 일을 합니다. 여러분 동네에도 녹색 공장이 많이 있지요. 집 밖으로 나가서 식물의 줄기와 가지에 조그만 녹색공장이 어떤 모양으로 어떻게 달려 있는지 관찰해 보세요.

잎자루
가지와 잎을 이어 줍니다.

떡잎
잎자루에 붙어 있는 작은 잎이에요.
잎이 자라면 떨어지기도 합니다.

햇빛을 많이 모으기 위해 줄을 잘 서는 식물의 잎

식물은 훌륭한 건축가예요. 꼼꼼하게 생각하고 계산해서 모든 잎이 골고루 햇빛을 받을 수 있게 하지요. 어떤 잎은 햇빛을 많이 받고

잎맥

잎맥은 우리 몸의 핏줄과 같아요.
물이 뿌리에서 올라와 잎맥을 통해
세포 속으로 들어가고, 세포 속에서
만들어진 양분은 잎맥을 통해 가지,
줄기, 뿌리로 내려가지요.

잎몸

잎에서 가장 중요해요.
광합성으로 양분을 만들고,
숨을 쉬고 땀을 흘려요.
잎의 앞면은 대부분 매끄럽고
색깔이 짙습니다.
잎의 뒷면은 앞면에 비해
거칠고 색깔이 연하지요.

기공

공기가 드나드는 조그만
구멍이에요. 잎 뒷면에 아주 많이
있습니다. 놀라지 마세요!
호박잎 한 개에 기공이 6천만
개나 있답니다. 기공으로 산소와
이산화탄소가 들락날락합니다.

바쁜 식물 이야기 37

어떤 잎은 햇빛을 못 받는 것은 공평하지 못하다고 생각하는 것 같아요. 위쪽 잎이 아래쪽 잎을 가리면 아래쪽 잎은 햇빛을 많이 못 쬐어 광합성을 많이 못할 텐데, 신기하게도 나무에 잎이 아무리 많이 달려 있어도 잎마다 골고루 햇빛이 닿는답니다.

이 나무는 벚나무인데, 잎이 가지 아래에서 위로 어떻게 붙어 있는지 관찰해 보세요. 잎은 아무렇게나 가지에 붙어 있지 않습니다. 잎이 가지에 어떤 차례로, 어떤 자리에 붙어 있는지 규칙을 찾아보세요.

벚나무 가지를 자세히 들여다보면 잎이 나선형 계단처럼 가지 둘레를 돌며 올라가고 있어요. 두 번째 잎은 첫 번째 잎과 방향이 조금 어긋나게 나고, 세 번째 잎은 두 번째 잎과 어긋나게, 네 번째 잎은 세 번째 잎과 어긋나게 나 있어요. 이렇게 점점 올라가다가 여섯 번째 잎에서 첫 번째 잎과 방향이 같게 됩니다. 그러면 첫 번째 잎은 여섯 번째 잎에 가려 햇빛을 못 받게 되지 않을까요? 그렇지 않습니다. 여섯 번째 잎과 첫 번째 잎은 서로 멀리 떨어져 있어서 첫 번째 잎에도 햇빛이 넉넉하게 비친답니다.

다른 나무도 관찰해 보세요. 나무마다 잎이 나는 방향과 모양새가

벚나무를 관찰해 보세요.

다르답니다. 잎이 많고 줄기가 짧을 때는 잎이 한 장 한 장 따로따로 나지 않고 한 곳에 두 장씩, 세 장씩 한꺼번에 나기도 합니다. 그럴 때에도 잎들이 서로 겹치지 않고 어긋나게 나지요.

어긋나기
잎이 줄기를 따라 올라가며 서로 어긋나게 났어요. (무궁화)

돌려나기
마디 하나에 잎이 여러 장 돌려났어요. (갈퀴덩굴)

마주나기
한 마디에 잎이 2장씩 마주보고 났어요. (개나리)

뭉쳐나기
잎이 줄기나 뿌리 주위에 한꺼번에 뭉쳐났어요. (민들레)

나무를 관찰할 때는 그냥 훑어보기만 하면 안 돼요. 꼭 자세히 관찰해야 해요! 눈으로만 보지 말고 마음을 다해서 들여다보세요. 그래야 무엇이든 발견할 수 있답니다. 여러분 동네에 사는 나무는 벚나무와 어떻게 다를까요? 몇 번째 잎에서 가지를 한 바퀴 돌까요? 잎이 한 곳에 몇 장씩 날까요? 잎이 서로 어긋나게 날까요? 마주날까요? 식물마다 잎이 나는 규칙이 있고 식물은 그 규칙을 잘 지킨답니다.

바쁜 식물 이야기 39

여러 가지 잎

잎맥

나란히맥
잎맥이 세로로 나란히 뻗어 있어요.
(대나무, 벼, 강아지풀)

그물맥
잎맥이 그물처럼 얼키설키 엉켜 있어요.(참나무)

홑잎과 겹잎

홑잎
잎몸이 한 장으로 되어 있어요.
(버드나무)

겹잎
작은 쪽잎이 여러 장 모여 한 장의 잎이 되어 있어요. 깃처럼 생긴 쪽잎들이 잎자루 양쪽에 서로 마주보며 나 있는 것을 깃꼴겹잎이라 하고(아까시나무), 잎자루 쪽에 쪽잎들이 손바닥 모양으로 붙어 있는 것을 손꼴겹잎이라고 해요.(칠엽수)

바늘잎과 넓은잎

바늘잎
잎이 바늘처럼 뾰족하게 생겼어요.(소나무)
바늘잎은 엽록소가 적어서 양분을 많이 못 만들어요. 대신 겨울에도 떨어지지 않고 가지에 붙어 있답니다.

넓은잎
잎이 넓고 평평해요.(버즘나무)
넓은잎나무는 가을이 되면 단풍이 들고, 겨울이 되면 잎이 떨어집니다.

잎 가장자리 모양이 달라요

잎 가장자리가 톱니 같아요. (느티나무)

잎 가장자리가 물결 모양이에요. (신갈나무)

잎 가장자리가 매끄럽고 갈라지지 않았어요. (보리수나무)

잎 가장자리가 깊숙이 갈라져 손모양이에요. (단풍나무)

나도 잎이에요

잎이 덩굴손으로 변했어요. (완두콩)

잎이 모두 다 가시로 바뀌었어요. (선인장)

잎이 껍질로 변했어요. (양파)

잎자루가 크고 둥글게 부풀어 있어요. (부레옥잠)
잎자루 안에 공기가 들어 있어서 물에 쉽게 뜰 수 있어요.

잎이 찐득찐득해서 잎으로 벌레를 잡아요. (끈끈이주걱)

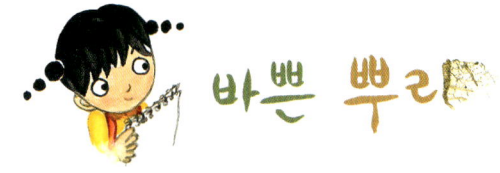
바쁜 뿌리

이제 여러분은 식물의 잎에서 무슨 일이 일어나는지 조금 알게 되었을 것입니다. 잎에서 부지런히 광합성을 하고 숨을 쉴 동안 땅 밑에서는 뿌리가 쉬지 않고 일을 합니다. 뿌리가 땅 속에서 물을 길어 올리지 않는다면 햇빛을 아무리 많이 쬐어도 식물은 광합성을 하지 못한답니다.

뿌리는 흙을 비집고 땅 속으로 들어갑니다. 단단한 돌과 바위가 가로막아도 틈새만 있으면 뚫고 들어가지요. 땅 위에도 공기 속에도 물이 있지만 뿌리는 땅 위로 솟아오르지 않고 언제나 땅 속으로 들어가 물을 길어 올립니다. 뿌리는 햇빛을 싫어합니다. 화분을 거꾸로 뒤집어 공중에 매달아 보세요. 그래도 뿌리는 땅을 찾아 아래로 내려간답니다. 눈도 없고, 코도 없고, 가르쳐 주는 사람도 없는데 뿌리는 어떻게 아래를 알까요? 꼭 지구가 뿌리를 끌어당기는 것만 같아요.

뿌리는 어떻게 물을 먹을까?

여러분은 뿌리가 물을 먹는다는 것을 잘 알고 있지요. 하지만 뿌리가 어떻게 물을 삼키는지는 모를 것입니다. 여러분과 나는 목을 움직여 꿀꺽 하고 물을 삼킬 수 있지만, 뿌리는 어떻게 하는 걸까요?

뿌리는 종이처럼 물을 먹습니다. 물 속에 종이를 담그면 물방울이 종이로 들어와 종이가 젖지요. 땅 속의 물도 뿌리에 닿으면 물이 뿌리 속으로 빨려 들어갑니다.

　뿌리 속에는 가느다란 물관이 들어 있어요. 물관은 줄기를 지나 잎까지 뻗어 있지요. 잎에서는 날마다 물이 공기 속으로 증발하고 있어요. 잎에서 물이 증발할 때마다 물관 속의 물은 자꾸 위로 당겨 올라갑니다. 물은 서로 뭉쳐 있으려는 힘이 강해서 물관을 타고 오르는 동안에도 끊어지지 않습니다.

　이렇게 계속 잎에서 물을 끌어올리다 보면 나중에는 뿌리에 있는 물까지 위로 당겨 올라가지요. 물은 얼마나 빠르게 올라갈까요? 과학자들이 떡갈나무 속에서 물이 얼마나 빠르게 올라가는지 재어보았더니 한 시간에 40미터나 올라갔답니다!

　마치 위에서 누가 잡아당기는 것처럼 잎에서 계속 물이 증발하고 있으니까 땅 속의 물이 또 뿌리 속으로 들어갈 수 있어요. 땅 속의 물이 뿌리로 들어가고, 그 물이 물관을 따라 위로 올라가고,

잎으로 갔다가 공기 속으로 증발하고, 뿌리는 또 물을 빨아들이지요. 위쪽에 있는 잎에서 끊임없이 물들이 빠져나가기 때문에 뿌리는 끊임없이 물을 빨아들일 수 있어요. 이렇게 물이 올라가는 것이 마치 펌프질 같다고 해서 '물관 펌프'라고 부릅니다.

뿌리와 뿌리털

돋보기로 뿌리를 관찰해 보세요. 솜털 같은 뿌리털이 아주 많이 달려 있어요. 굵고 단단한 뿌리는 나무가 쓰러지지 않도록 받쳐 주고, 뿌리털은 물을 빨아들이는 일을 하지요.

식물은 물을 많이 빨아들이기 위해 굵은 뿌리를 자꾸자꾸 만드는 대신 솜털 같은 뿌리털을 아주 많이 만듭니다. 뿌리털을 모두 없애면 아무리 싱싱한 나무라도 얼마 못 가 시들고 만답니다. 작은 식물일수록 뿌리가 쓸데없이 두꺼워져서 줄기와 잎과 열매의 영양분을 빼앗지 않도록 작은 솜털을 수없이 많이 만들어 물을 빨아올리지요.

나는 몇 달 전에 식물 뿌리에 뿌리털이 모두 몇 개나 붙어 있는지 궁금해서 민들레 뿌리를 뽑아 세어 보았어요. 하지만 뿌리털이 너무 많아서 얼마 못 세고 포기해 버렸지요. 도대체 식물의 뿌리에 붙은 뿌리털은 몇 개나 될까요? 어느 과학자가 호밀을 가지고 잔뿌리와 뿌리털의 수를 끈질기게 세고 계산해 보았답니다. 그랬더니 자그마치 잔뿌리가 1,380개, 뿌리털이 140억 개나 되었습니다! 호밀의 뿌리털을 일일이 뜯어 평평하게 늘어놓는다면 그 넓이로 테니스장 2개를 덮을 수 있답니다.

뿌리
땅 위의 줄기가 쓰러지지 않도록 튼튼하게 받쳐줘요.

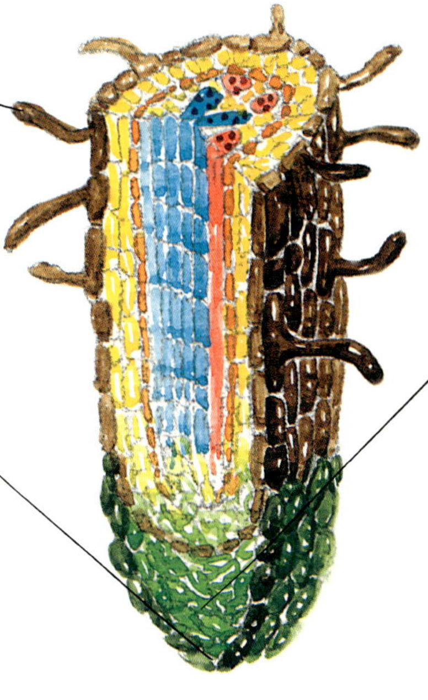

원뿌리 곁뿌리

뿌리털
나무마다 뿌리털이 수없이 달려 있어요. 뿌리털은 며칠, 몇 주일 밖에 살지 못하지만 새 뿌리털이 끊임없이 돋아나지요.

생장점
줄기와 뿌리의 끝에 있어요. 생장점에서는 새로운 세포가 쉬지 않고 생겨납니다.

뿌리골무
뿌리 끝에 골무가 씌워져 있어요. 뿌리가 단단한 땅 속으로 뻗어나갈 때 뿌리 끝이 상처입지 않도록 보호해 주고, 흙을 잘 뚫을 수 있도록 도와 줍니다.

바쁜 식물 이야기 45

뿌리는 힘이 세요

옛날옛날 까마득히 먼 옛날 식물이 처음 생겨났을 때, 식물은 뿌리가 없었습니다. 잎도 없었고 아주 짧은 줄기만 가지고 있었지요. 최초의 식물들은 늪 가장자리 진흙에 줄기를 묻고 물을 빨아들였습니다. 그러다가 식물은 조금이라도 햇빛을 더 많이 차지하려고 곁에 있는 식물들과 경쟁하게 되었어요. 오래오래 경쟁하면서 식물은 키가 점점 커지고 땅 속에 뿌리가 생겨났습니다. 뿌리는 땅 위의 줄기가 쓰러지지 않도록 받쳐주었지요.

땅 위의 줄기와 잎만 보는 것은 식물의 반쪽만 보는 셈이랍니다! 식물은 땅 위의 키만큼 땅 속으로 뿌리를 길게 뻗을 수 있습니다. 나무가 크면 클수록 땅 속의 뿌리도 더 깊이 더 멀리 뻗어 있지요. 바람이 세차게 부는 극지방이나 높은 산에 사는 식물들은 뿌리가 더 넓고 더 깊게 뻗어 있어요. 땅 위로는 조금만 솟아 있지만 땅 속으로는 뿌리가 아주 크게 자라서 바람에 뽑히지 않게 식물을 단단히 붙잡아 주지요.

어떤 나무들은 뿌리 아래에 단단한 바위가 있어서 뿌리를 땅 속 깊이 뻗지 못하기도 합니다. 그럴 때에는 뿌리가 아래로 자라는 대신 옆으로 굵게 자라지요. 옆으로 난 뿌리가 숲의 바닥에 뱀처럼 구불구불 뻗어 나가서 식물을 단단하게 붙잡아 줍니다.

곧은뿌리, 수염뿌리

식물의 뿌리는 두 가지 모양으로 진화했어요. 쌍떡잎식물(씨앗이 싹틀 때 떡잎이 2장 나오는 식물)은 **곧은뿌리**를 내리고, 외떡잎식물은 **수염뿌리**를 내려요. 나는 이렇게 쉬운 이름이 참 좋습니다. 이름만 보아도 어떤 모양인지 잘 알 수 있지요. 곧은 뿌리는 가운데에 굵은 뿌리가 곧게 뻗어 있고, 옆에 작고 가는 뿌리가 여러 개 있습니다. 가운데 있는 굵은 뿌리를 원뿌리라 하고, 원뿌리에 붙은 작고 가는 뿌리를 곁뿌리라 하지요. 수염뿌리는 특별히 굵고 가는 것 없이 뿌리 여러 개가 비슷비슷하게 다발로 나 있습니다.

곧은뿌리   수염뿌리

몸집이 큰 나무들은 대부분 쌍떡잎 식물이에요. 나무는 땅 속 깊은 곳에 곧은뿌리를 튼튼하게 박고 오래오래 살아갑니다. 한해살이 풀들은 대부분 외떡잎식물이에요. 한해살이 풀은 오래오래 살지 않으니까 쓸데없이 뚱뚱한 뿌리는 필요없답니다. 그래서 땅 속에 수염처럼 가느다란 뿌리를 많이 내리고 재빨리 물을 빨아올리지요.

옛날에는 뿌리가 시체를 먹는다고 생각했어요

옛날 사람들은 식물이 물만 먹는 게 아니라 흙 알갱이와 동식물의 시체도 먹는다고 생각했어요. 커다란 나무가 도저히 물만 먹고 자라는 것 같지 않았기 때문이지요.

옛날에 헬몬트라는 과학자가 살았는데, 헬몬트는 커다란 나무가 물만 먹고 자라는지, 흙 알갱이도 먹고 자라는지 궁금했어요. 그래서 1630년에 한 가지 실험을 했습니다. 헬몬트는 커다란 화분에 버드나무를 심고 5년 동안 물만 주고 길렀습니다. 버드나무를 심기 전에 먼저 버드나무와 화분에 있는 흙의 무게를 각각 재고, 5년 뒤에 다시 버드나무와 흙의 무게를 재었지요. 5년 후 버드나무는 자라서 훨씬 더 무거워졌는데 흙의 무게는 거의 5년 전 그대로였답니다. 헬몬트는 나무가 흙은 먹지 않고 물만 먹는다고 발표했습니다.

하지만 그건 반쯤만 맞는 말이었어요. 훗날 과학자들은 연구를 거듭해서 식물이 물만 먹는 것이 아니라 물 속에 녹아 있는 거름도 먹는다는 것을 알게 되었지요. 식물의 뿌리는 돌이나 흙, 동식물의 시체 같은 커다란 것은 빨아들이지 못합니다. 하지만 시체가 썩어

헬몬트의 실험
나무: 2.27kg, 흙: 90.72kg
5년 후 → 나무: 76.74kg, 흙: 90.66kg

거름이 되고 거름이 더 잘게 부서져 물 속에 녹으면 식물이 먹을 수 있지요. 이렇게 거름을 먹어야만 식물이 알차게 자라고 좋은 열매를 맺는답니다. 시체가 거름으로 변하면 식물이 그 거름을 먹으니 옛날 사람들이 식물이 시체를 먹는다고 생각한 것도 아주 틀린 것은 아니지요.

땅 속에는 시체를 거름으로 만들고 거름을 더 잘게 부수어서 물에 녹게 만들어 주는 친구들이 많이 살고 있습니다. 흙 1g 속에는 곰팡이와 박테리아가 2천만 마리도 넘게 살고 있지요. 곰팡이와 박테리아들이 동식물의 시체에 달라붙어 시체를 쪼개고 분해해서 질산과 인, 칼슘, 칼륨, 황, 마그네슘으로 바꾸어 줍니다. 이런 물질은 아주 작고 물에 잘 녹아서 뿌리가 물과 함께 쉽게 빨아들일 수 있어요.

왜 뿌리가 커다랗고 단단한 덩어리는 먹지 못하고 물과 물 속에 녹아 있는 것만 먹게 되었는지 우리는 잘 모릅니다. 하지만 뿌리가 고기와 빵을 먹을 수 있으려면 식물이 지금보다 훨씬 더 복잡해져야 한다는 것은 분명합니다. 동물들처럼 이빨과 주둥이가 있어야 하고, 소화를 잘 시키기 위해 위와 창자도 있어야 하고, 명령을 내리는 뇌와 명령을 전달하는 신경도 필요하지요. 그런데 이런 것이 정말로 식물에게 있다면 식물은 큰일이에요. 식물은 동물들처럼 재빨리 도망가지 못하니까 짐승들이 식물의 뇌와 주둥이를 손쉽게 뜯어먹고 말겠죠. 가지와 잎쯤이야 잘리고 뜯어먹혀도 새로 만들 수 있지만 뇌와 주둥이, 위와 창자는 너무너무 복잡해서 뜯어 먹힐 때마다 새로 만들기란 정말정말 어려운 일이지요. 그러니 설령 식물들이 자기들 마음대로 진화할 수 있다고 해도 어리석게 뇌, 주둥이, 위, 창자 등을 만드는 데 힘을 쏟지는 않을 것이 틀림없습니다.

 # 식물이 땀을 흘려요 - 증산 작용

뿌리가 물을 빨아들이면 물은 식물의 몸 안에서 어떻게 쓰일까요? 물은 줄기로 올라가 나무의 몸 속을 청소하고, 촉촉하게 적셔 주고, 세포를 탱탱하게 만들고, 잎에서 양분을 만드는 것을 도와 줍니다. 그런 뒤에 물은 잎 뒷면에 있는 기공으로 빠져 나와 공기 속으로 날아가지요. 이것을 **증산 작용**이라고 부릅니다. 이른 새벽에 밖으로 나가 보면 나뭇잎에 이슬이 맺혀 있는 걸 볼 수 있어요. 밤동안 식물이 토해낸 물이 수증기가 되어 날아가지 못하고 이슬이 되어 잎에 송글송글 맺혀 있지요.

해가 떠서 따뜻해지면 잎에서 물이 점점 많이 빠져 나와 공기 속으로 날아갑니다. 건조하고 무더운 여름날에는 물이 더 많이 증발하지요. 식물에게는 태양이 더없이 소중하지만 한편으로는 태양이 무섭기도 하답니다. 식물도 사람이나 다른 동물들처럼 몸의 온도가 지나치게 올라가면 죽고 맙니다. 몸 속 세포가 뜨거운 것을 견디지 못하고 죽어버리지요. 그래서 태양의 열기에 몸이 지나치게 뜨거워지지 않도록 식물은 땀을 흘립니다. 식물은 몸 속의 물을 토해 내고, 토해 내고, 또 토해 내지요. 여름 한낮에 싱싱한 나무 한 그루는 한 시간 동안 생수병 30개만큼 땀을 흘린답니다. 뿌리는 물을 보충하기 위해 쉴 새 없이 땅 속에서 물을 빨아올려야 하지요.

그런데 땅 속이 메말라 뿌리에서 물이 더 이상 올라오지 않으면 어떻게 될까요? 뿌리에서 물이 올라오지 않아도 잎에서는 끊임없이 물이 날아갑니다. 뿌리에서 올라오는 물이 없으면 다른 물을 찾아라! 식물은 잎 속에서, 줄기 속에서, 몸 구석구석에 숨어 있는 물을 짜내옵니다. 햇빛이 쨍쨍 내리쬐고, 비가 오래오래 오지 않고, 흙 속의 물도 다 마르면 식물은 자기 몸 구석구석에서 물을 짜내다가 마침내 말라 죽기도 하지요. 여러분이 화분을 키울 때 물 주는 걸 깜박하면 이런 일이 일어난답니다.

우리 눈에 보이지 않지만 식물은 수증기를 엄청나게 많이 하늘로 보내고 있습니다. 지구에 풀과 나무가 얼마나 많은지 상상해 보세요. 그 풀과 나무들이 모두 아침부터 밤까지 날마다 날마다 수증기를 내보내고 있어요. 햇빛이 땅과 공기를 따뜻하게 데우면 수증기는 따뜻해진 공기와 함께 하늘로 올라갑니다. 그리고 언젠가는 하늘에서 모이고 모여 구름이 되지요. 구름은 비가 되어 땅으로 떨어지고, 빗방울은 흙 속에서 다시 식물에게 돌아갑니다.

어떤 날 증산 작용이 더 잘 일어날까요?
어떤 날 물이 공기 속으로 더 잘 증발하는지 생각해 보세요.
공기 속에 수분이 적을수록, 햇빛이 쨍쨍 내리쬐고 기온이
높을수록 물이 증발하기 쉽습니다. 바람이 불 때는
잎에서 나온 수증기가 금방금방 공기 속으로
날아가서 물이 더 잘 증발합니다.

  속에 무엇이 있을까?

잎에서 양분을 만들고 뿌리에서 물을 빨아올리면, 양분과 물은 줄기를 지나갑니다. 줄기 속에는 물이 지나가는 길과 양분이 지나가는 특별한 길이 숨어 있어요. 물이 지나가는 길을 **물관**이라 부릅니다. 양분이 지나가는 길을 **체관**이라고 부르지요. 식물의 줄기를 가로로 얇게 잘라서 현미경으로 들여다보세요. 물관과 체관이 잘 보여요.

뿌리에서 빨아들인 물은 물관을 따라서 가지 꼭대기, 이파리 끝까지 위로 위로 올라갑니다. 반대로 잎에서 만든 양분은 체관을 따라 아래로 아래로 내려가지요.

옥수수와 국화는 줄기의 속 모양이 다르게 생겼어요. 옥수수 줄기는 물관과 체관이 뒤죽박죽 아무렇게나 줄기 속에 흩어져 있습니다. 국화 줄기는 물관과 체관이 다발로 질서 있게 모여 있지요. 다발의 안쪽에는 물관이, 바깥쪽에는 체관이 있어요.

옥수수는 **외떡잎식물**이고, 국화는 **쌍떡잎식물**이에요. 외떡잎식물은 물관과 체관을 아무렇게나 쌓고 쌍떡잎식물은 물관과 체관을 질서 있고도 튼튼하게 쌓지요. 왜 외떡잎식물은 물관과 체관을 엉성하게 쌓고, 쌍떡잎식물은 물관과 체관을 튼튼하게 쌓을까요? 외떡잎식물은 대부분 한해살이풀이에요. 추운 겨울이 오기 전에 어서어서 자라서 꽃을 피우고 씨앗을 퍼뜨려야 하지요. 외떡잎식물은 너무 바빠서 물관과 체관을 질서 있고 튼튼하게 쌓을 겨를이 없답니다. 쌍떡잎식물은 대부분 물관과 체관을 질서 있고 튼튼하게 만들고 여러 해 동안 살아갑니다.

줄기를 가로로 잘라 보았어요

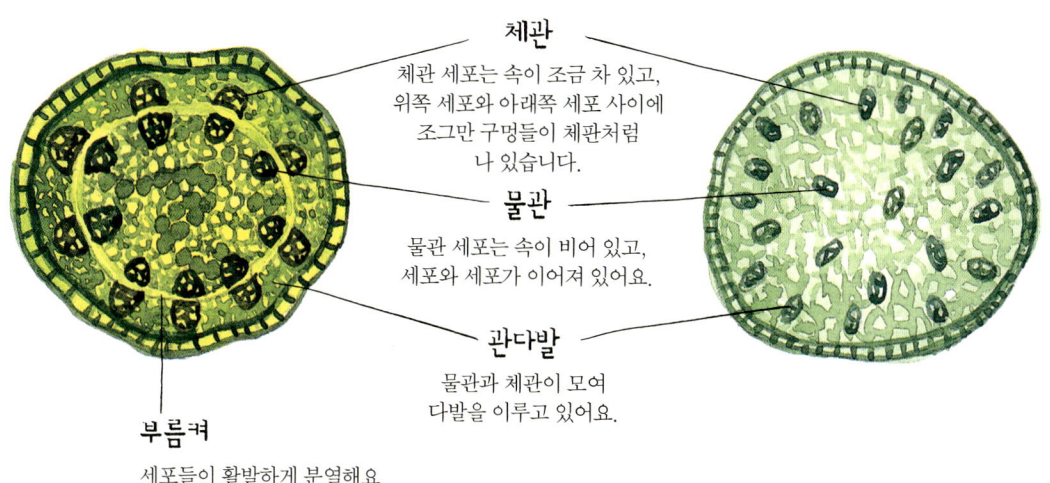

체관
체관 세포는 속이 조금 차 있고, 위쪽 세포와 아래쪽 세포 사이에 조그만 구멍들이 체관처럼 나 있습니다.

물관
물관 세포는 속이 비어 있고, 세포와 세포가 이어져 있어요.

관다발
물관과 체관이 모여 다발을 이루고 있어요.

부름켜
세포들이 활발하게 분열해요

줄기를 세로로 잘라 보았어요

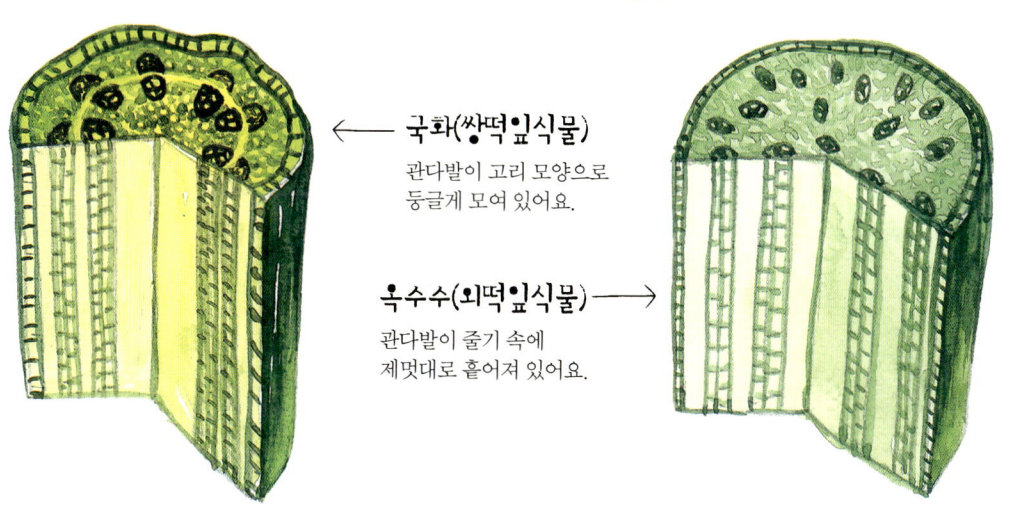

← **국화(쌍떡잎식물)**
관다발이 고리 모양으로 둥글게 모여 있어요.

옥수수(외떡잎식물) →
관다발이 줄기 속에 제멋대로 흩어져 있어요.

물이 정말 물관으로 올라갈까?

과학자들은 식물의 줄기에 물이 올라가는 길이 따로 있다는 것을 어떻게 알았을까요? 어떤 과학자가 언제 어떻게 그 사실을 알아냈는지는 정확하게 모르지만 우리 눈으로 직접 물이 올라가는 길을 확인해 볼 수는 있답니다.

백합(외떡잎식물)과 봉숭아(쌍떡잎식물)의 줄기를 세로로 잘라 반으로 나눕니다. 그런 다음 줄기 한 쪽을 빨간색 물에, 다른 쪽은 파란색 물에 담급니다.

3시간쯤 지나면 마술처럼 꽃 색깔이 변한답니다. 이제 반으로 가르지 않은 원래 줄기를 가로로 얇게 잘라 현미경으로 관찰해 보세요. 백합도 봉숭아도 관다발의 반쪽만 빨간색 또는 파란색으로 물들어 있습니다.

백합과 봉숭아 줄기를 자른 모습

백합과 봉숭아 모두 관다발의 안쪽 반 쪽만 빨간색 또는 파란색으로 물들었어요.

빨간색이나 파란색으로 물든 부분이 바로 물관이에요. 빨대 여러 개로 한꺼번에 주스를 빨아도 주스가 입 속으로 들어오기 전까지는 서로 섞이지 않는 것처럼 물관 속의 물도 서로 섞이지 않습니다.

관다발에서 빨간색으로도 파란색으로도 물들지 않은 바깥쪽 부분은 양분이 지나가는 체관입니다.

부름켜와 나이테

쌍떡잎식물은 물관과 체관 사이에 부름켜가 있습니다. 부름켜에서 세포들이 자꾸자꾸 분열해요. 세포 하나가 둘로 분열하고, 둘이 넷으로, 넷이 다시 여덟으로 분열하지요. 이렇게 세포가 쪼개지고 쪼개지고 또 쪼개져서 세포 수가 자꾸자꾸 불어나고, 나무의 줄기가 점점 굵어지는 거랍니다.

봄에는 부름켜의 세포들이 왕성하게 분열해요. 세포가 빨리빨리 자라고, 많이많이 쪼개지고, 세포벽도 얇아서 부름켜 세포들이 부드럽고 크고 색도 연하게 보입니다. 하지만 여름과 가을이 지나 겨울이 다가오면 부름켜의 세포들은 겨울을 지낼 준비를 하지요. 세포가 천천히 자라고 분열하는 속도도 느려져서 조금만 분열합니다. 세포의 크기는 작아지고 세포벽이 두꺼워지고 색깔도 짙어지지요. 그래서 다음 해 봄에 나무가 다시 자라고 줄기가 굵어지면 지난해 가을에 자란 부분과 구별이 된답니다.

이렇게 봄과 가을에 부름켜가 자란 모습이 번갈아 다르게 나타나기 때문에 나무의 줄기에 나이테가 생기지요. 일 년 내내 나무가 똑같은 속도로 자란다면 나이테는 생기지 않습니다. 봄, 여름, 가을, 겨울 따로 없이

나무둥치에 보이는 나이테

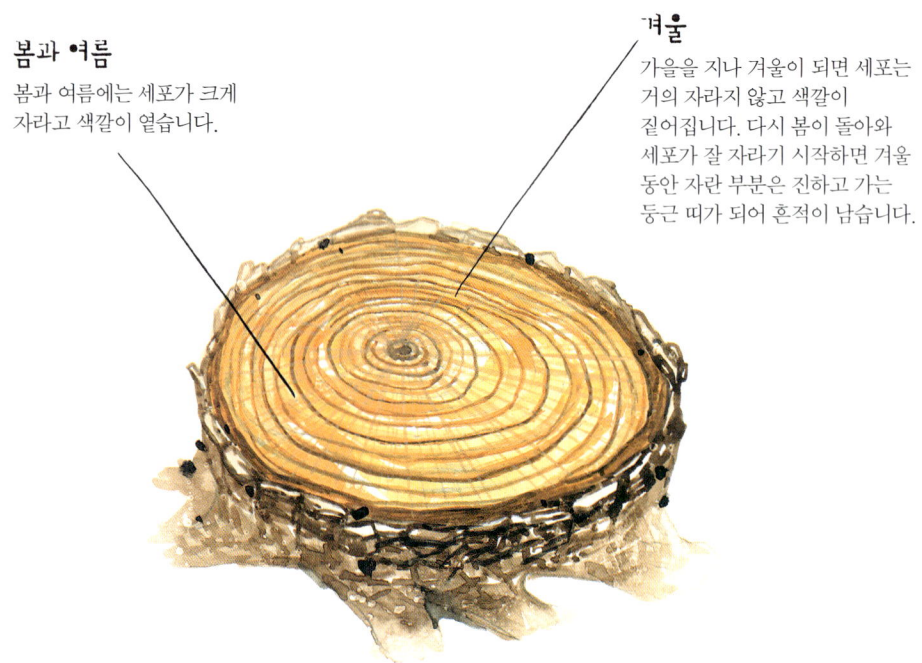

봄과 여름
봄과 여름에는 세포가 크게 자라고 색깔이 옅습니다.

겨울
가을을 지나 겨울이 되면 세포는 거의 자라지 않고 색깔이 짙어집니다. 다시 봄이 돌아와 세포가 잘 자라기 시작하면 겨울 동안 자란 부분은 진하고 가는 둥근 띠가 되어 흔적이 남습니다.

일 년 내내 더운 열대 지방에서 자라는 나무는 나이테가 없지요.

　나이테는 한 해에 한 개씩 생기기 때문에 나이테로 나무의 나이를 알 수 있어요. 또, 나이테의 간격을 보면 어느 해에 나무가 잘 자랐는지, 어느 해에 나무가 살기 어려웠는지도 알 수 있지요. 나이테의 간격이 넓으면 비가 적당히 오고, 적당히 따뜻하고, 땅 속에 영양분도 많아서 세포들이 많이 불어나고 잘 자랐다는 뜻이에요. 반대로 나이테의 간격이 좁다면 그 해에는 나무가 자라기 힘들었다는 뜻이지요.

재주 많은 줄기

식물은 눈이 없는데도 어디가 위고, 어디가 아래인지 안답니다! 화분을 거꾸로 매달아 놓아도 뿌리는 아래쪽으로 뻗어가고, 줄기는 위로 올라가지요. 뿌리는 흙이 언제나 아래에 있다는 것을 알고, 줄기는 햇빛이 언제나 위에서 내리쬐는 것을 아는 것만 같아요. 혹시 식물 속에 흙이 있는 곳과 햇빛이 있는 곳을 기억하는 유전자가 들어있는 걸까요? 식물이 어떻게 그렇게 할 수 있는지는 아직 아무도 모릅니다.

　식물의 줄기는 언제나 햇빛이 내리쬐는 곳을 향해 위로위로 올라갑니다. 키 큰 나무들 틈에서 자라는 키 작은 나무와 풀들도 햇빛을 쬐기 위해 온갖 지혜를 짜내지요. 다른 나무를 기둥삼아 칭칭 감고 올라가기도 하고, 키 큰 식물들 틈에서 위로 자라는 것을 포기하고 햇빛을 찾아 땅바닥에서 옆으로 옆으로 기어가기도 합니다.

여러 가지 줄기

담쟁이덩굴
담쟁이는 줄기에서 빨판이 나와 담장이나 나무에 단단하게 붙어 위로 자랍니다.

덩굴줄기
혼자서는 높이 자라지 못하고 다른 나무를 감고 올라갑니다. 메꽃, 나팔꽃, 칡은 왼쪽(위에서 볼 때 시계 반대 방향)으로만 감아 올라가고, 인동, 박주가리는 오른쪽(위에서 볼 때 시계 방향)으로만 감아 올라갑니다.
더덕은 아무 쪽으로나 감는 양쪽감기 식물이에요.

덩굴손
포도나무의 덩굴손은 처음에는 줄기처럼 곧게 뻗어나가다가 지지대를 찾으면 줄기에서 덩굴손이 나와 용수철 모양으로 변해 감고 올라갑니다.

기는줄기
토끼풀, 뱀딸기, 제비꽃, 채송화의 줄기는 옆으로 기어가며 자라납니다.

물 속 줄기
연꽃의 줄기는 물 속에 잠겨 있어요. 줄기 속에 공기가 통하는 구멍이 있어서 줄기와 뿌리가 썩지 않습니다.

가시
장미는 줄기의 껍질이 가시로 변했어요.

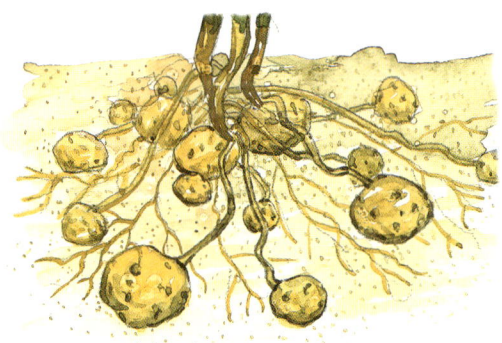

땅속줄기
감자는 땅속줄기가 뚱뚱하게 변한 것이에요.

누구 줄기가 더 잘 버틸까?
갈대는 줄기 속이 비어 있어요. 물관과 체관, 모든 세포들이 줄기 바깥쪽으로 있고, 줄기 안쪽은 도너츠의 안쪽처럼 비어 있지요. 갈대는 참나무보다 줄기가 훨씬 가늘어서 약해 보이지만 세찬 바람도 이길 수 있답니다. 바람이 불면 갈대는 줄기를 굽히고, 바람이 지나가면 다시 줄기를 펴지요. 갈대처럼 줄기 속이 비어 있으면 바람이 세게 불어도 줄기가 잘 부러지지 않아요. 밀과 벼, 대나무도 갈대처럼 줄기 속이 비어 있습니다.

쌍떡잎 식물과 외떡잎 식물을 비교했어요

쌍떡잎식물 풀도 있고 나무도 많습니다.

꽃잎의 수가 4 또는 5의 배수예요.

잎맥이 그물맥이에요.

곧은뿌리예요

외떡잎식물 대부분 풀이에요.

꽃잎이 없거나 꽃잎의 수가 3의 배수예요.

잎맥이 나란히맥이에요.

수염뿌리예요

관다발이 고리 모양으로 정리되어 있어요

떡잎이 2장 나와요

관다발이 흩어져 있어요

떡잎이 1장 나와요

쌍떡잎식물과 외떡잎식물이 어떻게 다른지 외우려고 하지 마세요!
여러분이 아무리 똑똑해도 무조건 외우는 것은 절대로 훌륭한 버릇이 아닙니다.
쌍떡잎식물과 외떡잎식물의 특징을 잘 살펴보세요. 그리고 그 속에 숨겨진 비밀을
찾아보세요. 비밀을 찾으면 쌍떡잎식물과 외떡잎식물의 다른 점쯤이야 저절로
외워진답니다.

비밀은 이것이에요.
쌍떡잎식물은 모범생과 비슷하고 외떡잎식물은 대충하는 덜렁이와 비슷하지요.
쌍떡잎식물은 떡잎과 줄기와 뿌리와 잎을 공들여 착실하게 준비한답니다. 생각해 보세요.
떡잎부터 넉넉히 2장을 준비하고, 줄기 속도 질서 있게 만들고, 뿌리는 곧고 튼튼하게
내리고, 잎이 잘 찢어지지 않도록 잎맥을 촘촘하게 그물맥으로 짜지요.

쌍떡잎식물에 비해 외떡잎식물은 기분파예요.
떡잎과 줄기와 뿌리와 잎을 빨리빨리 만듭니다. 급한 마음에 떡잎도 1장, 줄기 속의
관다발은 아무렇게나 일단 채워 놓고, 빨리빨리 자라는 수염뿌리에, 잎은 쭉쭉 뻗은
나란히맥으로 되어 있어서 엉성하고 잘 찢어지지요.
하지만 외떡잎식물을 깔보아서는 안됩니다. 외떡잎식물은 대부분 한해살이기
때문에 줄기 속을 잘 채우고, 떡잎을 두 장 만들고, 잎맥을 꼼꼼하게 짜고 여유를 부릴
시간이 없답니다. 얼른얼른 자라서 씨앗을 퍼뜨리는 것이 무엇보다 중요하지요.

꽃과 씨앗

만약 지금이 봄이나 여름 또는 가을이고, 여러분이 무척 따분해서 무엇을 하고 놀까 궁리하고 있다면 가방을 챙겨서 당장 밖으로 나가 보세요. 돋보기와 가위, 식물을 담을 깨끗한 비닐봉지를 넣고, 책갈피에 꽃잎을 끼워 말리게 헌책도 챙깁니다. 밖에 나가면 꽃 속에 뭐가 있나 들여다보고, 작고 예쁜 꽃을 따서 식물 표본도 만들어요(식물 표본 만드는 법을 알고 싶다면 74쪽을 보세요). 하지만 지금이 봄도 여름도 가을도 아니고 추운 겨울이라면 딴 생각 말고 이 책을 마저 읽어주기를!

지금까지 여러분은 식물의 몸에 대해서 배웠어요. 잎과 뿌리와 줄기가 어떻게 생겼는지, 무엇을 하는지 잘 알게 되었지요? 이번에는 식물의 꽃 이야기예요. 꽃은 어떻게 생겼을까요? 꽃은 꽃잎, 꽃받침, 암술, 수술로 되어 있어요. 꽃잎은 암술과 수술을 보호하고, 예쁜 색깔과 향기로 곤충을 유혹한답니다. 꽃잎 바깥쪽에는 꽃받침이 있어요. 꽃받침은 꽃잎을 보호하지요.

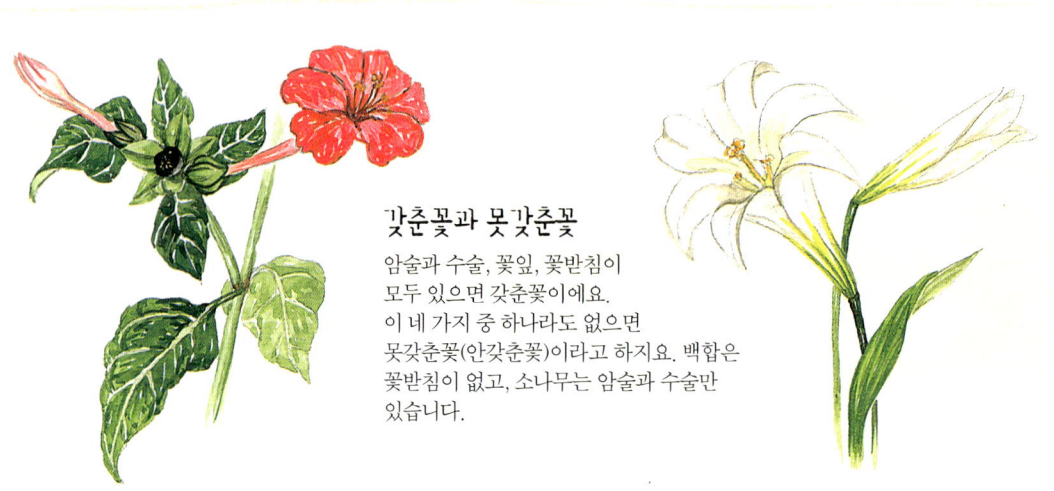

갖춘꽃과 못갖춘꽃

암술과 수술, 꽃잎, 꽃받침이 모두 있으면 갖춘꽃이에요. 이 네 가지 중 하나라도 없으면 못갖춘꽃(안갖춘꽃)이라고 하지요. 백합은 꽃받침이 없고, 소나무는 암술과 수술만 있습니다.

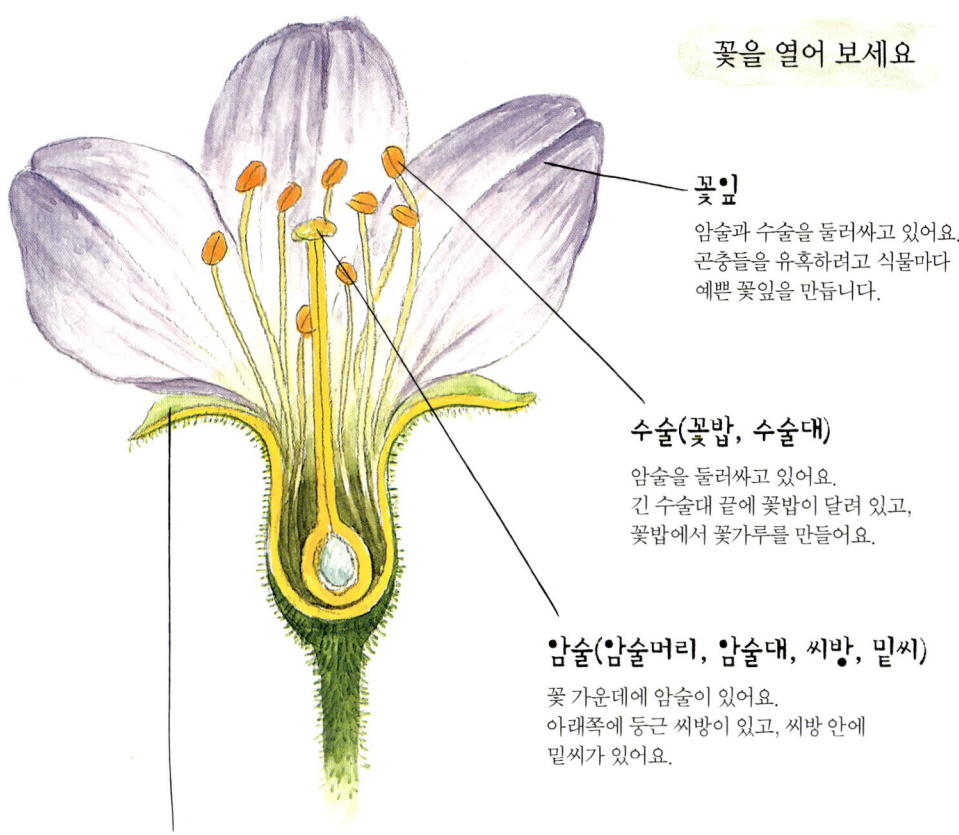

꽃을 열어 보세요

꽃잎
암술과 수술을 둘러싸고 있어요.
곤충들을 유혹하려고 식물마다
예쁜 꽃잎을 만듭니다.

수술(꽃밥, 수술대)
암술을 둘러싸고 있어요.
긴 수술대 끝에 꽃밥이 달려 있고,
꽃밥에서 꽃가루를 만들어요.

암술(암술머리, 암술대, 씨방, 밑씨)
꽃 가운데에 암술이 있어요.
아래쪽에 둥근 씨방이 있고, 씨방 안에
밑씨가 있어요.

꽃받침
대부분 초록색이에요. 아직 피지 않은 꽃을 싸서 뜨거운
햇빛과 차가운 바람을 막아 줍니다.

통꽃과 갈래꽃

꽃송이가 꽃잎 한 장으로 되어 있는
꽃을 통꽃이라고 해요. 백합, 개나리
따위가 있어요. 꽃송이가 여러 장의
꽃잎으로 되어 있는 꽃을 갈래꽃이라고
해요. 장미, 벚꽃 따위가 있지요.

식물의 중매쟁이

나무도 풀도 결혼을 한답니다. 식물도 짝짓기를 하고 자손을 퍼뜨려요. 식물이 결혼을 하지 않는다면 이 세상에 그렇게 많은 나무와 풀이 어떻게 생겨났겠어요? 식물의 결혼은 정말정말 이상하고 신기해요! 식물은 동물처럼 암컷과 수컷이 따로 없는데 어떻게 결혼을 할까요?

식물은 자손을 퍼뜨리기 위해 대부분 꽃을 피웁니다. 꽃 속에는 암술과 수술이 들어 있어요. 식물은 암술과 수술이 만나서 결혼을 한답니다. 어떤 식물은 암술만 있는 암꽃과 수술만 있는 수꽃을 따로 피우기도 하지요. 하지만 한 그루에 있는 암술이 수술이 만나서 결혼을 하는 건 아니예요. 암술은 다른 그루의 수술을 좋아하고, 수술도 다른 그루의 암술을 더 좋아하지요.

암술과 수술이 같은 나무에 살면 **암수한그루**라고 합니다. 대부분의 식물은 암수한그루이지요. 소철, 은행나무는 암술과 수술이 다른 나무에 살아요. 이런 나무를 **암수딴그루**라고 합니다. 암수한그루이든 암수딴그루이든 식물이 결혼을 하려면 멀리 떨어져 있는 암술과 수술이 만나야 하는데, 발도 다리도 없는 암술과 수술이 어떻게 서로 만날 수 있을까요?

바람과 물, 새와 곤충들이 자기도 모르게 수술의 꽃가루를 암술머리에

날라 준답니다.

　소나무는 수술의 꽃가루를 바람에 날려 보냅니다. 봄이 되면 꽃가루가 우수수 날려 사방으로 흩어지지요. 하지만 이런 방법은 낭비가 심합니다. 꽃가루가 다른 소나무의 암술머리에 제대로 내려앉을 수도 있지만 어떤 것은 흙바닥에, 어떤 것은 바위에, 어떤 것은 시냇물에, 어떤 것은 참나무에, 어떤 것은 호박꽃에 내려앉지요. 수십만 개 꽃가루 중 겨우 몇 개만이 소나무 암술머리에 제대로 앉는 행운을 누릴 수 있답니다. 은행나무, 밤나무, 떡갈나무, 자작나무, 사시나무, 개암나무, 신갈나무도 소나무처럼 꽃가루를 바람에 날려 보냅니다.

　까마득히 먼 옛날에 살았던 식물들도 이렇게 꽃가루를 바람에 날려 보냈어요. 꽃가루를 엄청나게 많이 만들었지만 대부분은 암술머리를 구경도 못하는 신세가 되었지요. 무슨 좋은 방법이 없을까? 식물이 정말로 이렇게 생각한 것은 아니었지만 어느 날 식물계에 천재가 나타났답니다! 그 식물은 목련의 조상이었어요. 목련의 조상은 어찌된 일인지 지구 최초로 예쁜 꽃을 피웠지요(그전에는 식물들에게 꽃이 없었습니다). 목련의 조상은 예쁜 꽃을 피워서 딱정벌레에게 맛좋은 꽃가루가 여기 있다고 알려 주었습니다. 목련의 예쁜 꽃을 보고 딱정벌레가 날아와 맛있는 꽃가루를 먹으며 자기도 모르게 몸에 꽃가루를 듬뿍 묻혔답니다. 그리고 또 다시 꽃가루를 찾아 다른 목련으로 날아갔지요. 딱정벌레는 이 꽃에서 묻혀 온 꽃가루를 저 꽃의 암술머리에 듬뿍 묻혔습니다. 목련은 딱정벌

바쁜 식물 이야기

레에게 꽃가루를 조금 나누어 주고, 멀리 있는 다른 목련의 암술에 자기 꽃가루를 줄 수 있게 되었지요!

그 뒤 다른 식물들도 목련처럼 예쁜 꽃을 피워 곤충을 유혹했습니다. 곤충을 유혹하기 위해 달콤한 향기도 만들고 곤충들에게 줄 꽃꿀도 발명했지요. 곤충들마다 좋아하는 색이 달라서 꽃은 점점 더 빛깔이 다양해지고 화려해졌습니다. 파리를 유혹하려는 꽃들은 파리가 좋아하는 보라색과 녹색꽃을 피웠어요. 벌을 부르는 식물은 노란색과 파란색, 흰색 꽃을 피웠고, 꿀도 더 달콤하게 만들었습니다. 하지만 색깔이 우중충하고 냄새도 고약한 꽃도 생겨났습니다. 열대 지방의 어떤 꽃은 회색 빛깔에, 시체 썩는 냄새가 난답니다. 송장벌레나 말똥가리를 유혹하려는 것이지요.

어떤 꽃은 곤충 대신 새와 박쥐와 작은 파충류, 작은 포유류를 불렀습니다. 붉은 동백꽃은 동박새를 불렀고, 정글의 바나나와 바오밥나무는 박쥐를 불렀습니다.

지구에는 여러 가지 화려한 꽃을 피우는 식물들이 생겨났습니다. 하지만 옛날처럼 여전히 바람에 꽃가루를 실어보내는 식물들도 잘 살아남았어요. 소나무, 은행나무, 밤나무, 떡갈나무, 자작나무, 사시나무, 개암나무, 신갈나무와 수많은 풀들은 꽃가루를 바람에 실어보냅니다. 강물이나 연못에 사는 식물들은 바람 대신 강물 위에 꽃가루를 흘려보내기도 하지요. 바람이나 강물에 꽃가루를 실어보내는 식물들은 꽃잎도 꽃받침도 없고 꽃잎이 있더라도 아주 작고 수수합니다. 달콤한 꿀과 향기도 없답니다. 바람과 강물은 눈도 없고 코도 없으니 예쁜 꽃, 달콤한 향기가 무슨 소용이 있겠어요?

식물이 알을 낳았어요!

꽃이 활짝 피면 식물의 결혼식이 시작됩니다. 수술 위에 조그만 꽃밥 주머니가 있고 여기에 꽃가루가 들어 있습니다. 꽃이 활짝 피면 꽃밥에서 꽃가루가 새어 나와요. 그러면 곤충이나 바람이 꽃가루를 암술머리에 날라 줍니다. 암술머리는 찐득찐득해서 꽃가루가 잘 붙지요. 암술머리에 꽃가루가 내려앉는 것을 **가루받이(수분)**라고 해요.

꽃가루가 암술머리에 붙으면 암술머리가 꽃가루에게 찌릿찌릿 신호를 보냅니다. 이제 꽃가루에서 꽃가루관이 자라나지요. 암술 아래쪽에는 볼록하고 둥근 씨방이 있습니다. 씨방 속에는 조그만 밑씨가 꽃가루를 기다리고 있어요. 꽃가루관이 점점 길어져 씨방까지 내려오면 꽃가루는 꽃가루관을 타고 씨방 속으로 들어가 밑씨와 만납니다. 이것을 **수정**이라고 하지요. 꽃가루와 씨방이 만나면 드디어 꽃의 결혼식이 끝난답니다.

꽃가루와 밑씨가 합쳐지면 진짜 씨가 됩니다. 꽃이 드디어 아기를 갖게 된 거지요!

만약 꽃가루가 암술머리에 앉지 못하면 밑씨는 어떻게 될까요? 밑씨는 씨방 속에서 꽃가루를 기다리다가 지쳐서 시들고 맙니다. 꽃은 씨를 만들지 못하고 죽고 말지요.

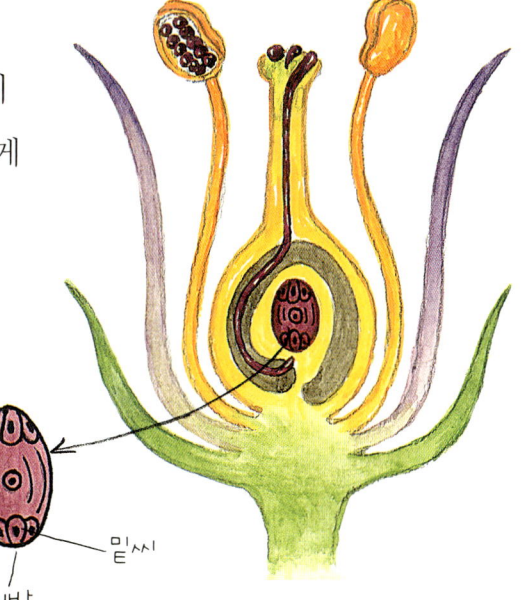

바쁜 식물 이야기 67

제꽃가루받이

암술머리는 마치 생각하는 자물쇠 같아요. 다른 종의 꽃에서 꽃가루가 날아오면 본척만척 합니다. 어떤 꽃은 특별히 더 민감해서 자기와 같은 그루에서 온 꽃가루인지 아닌지도 알아챕니다. 사람이 남매끼리 결혼하지 않는 것처럼 식물도 되도록 다른 그루끼리 결혼하는 것을 좋아하지요. 혹시 같은 그루의 꽃가루가 암술머리에 앉더라도 어찌된 일인지 꽃가루관이 자라나지 않거나 암술머리가 말라 버린답니다. 하지만 아무데서도 꽃가루가 날아오지 않을 때에는 할 수 없이 같은 그루에 피어 있는 꽃끼리 결혼을 하기도 합니다. 이것을 **제꽃가루받이(자가수분)**라고 하지요. 가지, 강낭콩, 완두콩, 담배, 목화는 제꽃가루받이를 합니다.

꽃이 있던 자리에 열매가 생겨요

꽃의 결혼식이 끝나면 씨방 속에서 씨가 자랍니다. 이제 꽃잎은 할 일을 다 했으니 시들어 떨어지지요. 꽃의 겉모습은 죽고 사라졌지만 이제부터가 시작이에요. 씨는 씨방의 보호를 받으며 점점 자랍니다. 씨는 모양과 크기가 가지가지예요. 난초의 씨는 눈에 보이지도 않을 만큼 작고, 감의 씨는 손톱만큼 크지요.

씨가 자라는 동안 씨방도 점점 자라 뚱뚱해집니다. 씨방과 함께 꽃받침이 자라기도 합니다. 꽃의 여러 부분이 자라서 뚱뚱해지면 열매가 되지요. 열매는 씨가 영글 때까지 씨를 지키고 보호해 줍니다. 우리는 씨는 퉤 뱉고 열매는 맛있게 먹지요(열매 대신 씨를 먹는 경우도 있어요! 강낭콩의 열매는 꼬투리입니다. 꼬투리 속에 들어 있는 강낭콩이 씨지요).

열매 중에서도 특별히, 씨방이 뚱뚱해져서 맛있게 된 것을 **참열매**라고 해요. 감, 포도, 복숭아, 귤 따위가 참열매예요. 씨방 대신 꽃받침이 맛있는 열매로 변한 것을 **헛열매**라고 합니다. 배, 사과, 딸기, 석류는 헛열매지요.

참열매든 헛열매든 모든 열매는 씨가 완전하게 자라기까지 씨를 보호해 줍니다.

식물이 지혜롭게 씨를 퍼뜨리는 이야기

씨가 영글면 엄마 식물은 씨를 멀리 떠나보냅니다. 무슨 수를 써서라도 되도록 멀리멀리 보내지요. 엄마 식물은 씨가 가까이에서 싹트는 것을 좋아하지 않습니다. 씨가 엄마 식물과 가까이에서 싹이 트면 엄마 식물과 자식 식물은 서로 경쟁해야 하는 사이가 된답니다. 엄마 식물과 자식 식물이 살아가기 위해서 물과 양분과 햇빛을 더 많이 차지하려고 서로 싸워야 하기 때문이에요. 그런 일이 일어나지 않도록 엄마 식물은 씨를 멀리 보냅니다.

씨는 여러 가지 방법으로 엄마에게서 떠나갑니다. 바람을 타고, 동물의 털에 달라붙고, 흐르는 물에 둥둥 떠서 여행을 떠나고, 새가 열매를 먹어서 새의 뱃속을 지나 똥과 함께 세상으로 다시 나오기도 합니다.

늦은 봄이 되면 바람에 실려 날아다니는 민들레 씨를 쉽게 볼 수 있습니다. 민들레 씨는 갓털이라고 하는 훌륭한 낙하산을 달고 있지요. 바람이 불거나 아이가 장난으로 훅 불기만 해도 민들레 씨는 금방 공중으로 날아오릅니다.

아마존 강에 사는 바다콩은 익으면 깍지가 저절로 터지고 콩알이 강물에 떨어집니다(바다콩은 거인콩이에요. 커다란 콩알이 길이가 1미터나 되는 커다란 깍지 속에 들어 있지요). 강물은 바다로 이어지고, 재수 좋은 콩들은 바다에 둥둥 떠 먼 바다를 건너갑니다.

도깨비바늘은 씨가 길쭉하고 끝에 가시가 나 있어요. 이 가시 때문에 도깨비바늘은 동물의 털에 잘 달라붙습니다. 도둑놈의갈고리는 이름처럼 씨에 조그만 갈고리가 달려 있어요. 숲을 돌아다니는 여우나 토끼의 털에 달라붙어 먼 곳으로 가지요.

사과나무와 감나무, 포도나무, 참외는 씨를 맛있는 열매 속에 넣어 둡니다. 동물들이 열매를 먹고 씨를 버려도 좋고, 씨를 삼켜도 좋답니다. 씨는 소화되지 않고 똥과 함께 밖으로 나옵니다. 동물들은 늘 돌아다니니까 씨를 멀리 날라 줍니다. 그런데 이 식물들에게는 딱 한 가지 걱정거리가 있어요. 씨가 충분히 익기 전에 동물들이 열매를 먹어 치우면 어떡하냐는 거지요. 그래서 씨가 익는 동안에는 열매 맛을 아주 고약하게 만들어서 동물들이 먹지 못하게 합니다. 하지만 씨가 완전히 익으면 고약

한 맛이 달콤하게 변하고 좋은 냄새가 나고 열매에 붙은 무시무시한 가시나 털도 떨어집니다. 색깔도 붉고 노랗게 변해서 아주 맛있게 보여요.

참나무는 도토리를 아주 많이 만듭니다. 다람쥐는 겨울에 먹으려고 도토리를 모아 여기저기 땅 속에 숨겨 두지요. 하지만 도토리를 어디어디 숨겨 놓았는지 다람쥐가 모두 기억하지는 못하지요. 다람쥐가 찾아먹지 못한 도토리는 땅 속에 묻혀 때가 오면 싹을 틔웁니다.

이렇게 씨는 여러 가지 방법으로 엄마를 떠나갑니다. 씨는 엄마와 멀리 떨어져 새로운 곳에서 싹을 틔워요. 하지만 당장 싹이 트지는 않습니다. 봄이 오기를, 비가 오기를, 땅이 따뜻해져서 싹이 잘 틀 수 있을 때를 기다리지요. 씨는 아주 오래오래 기다릴 수 있습니다. 북극 지방의 꽃씨들은 얼어붙은 땅 속에서 몇 년을 견디고, 사막 식물의 씨는 모래 속에서 비를 기다리며 수십 년을 기다리고 또 기다린답니다.

꽃이 피지 않는 식물도 있어요!

고사리와 이끼는 꽃이 피지 않습니다. 꽃이 피고, 수술과 암술이 짝짓기를 해서 씨로 번식하는 식물을 꽃식물(종자식물)이라고 합니다. 꽃이 피지 않고, 홀씨로 번식하는 식물을 민꽃식물(포자식물)이라고 해요. 고사리, 이끼, 쇠뜨기, 석송은 민꽃식물이지요.

고사리
잎 뒷면에 갈색 홀씨주머니가 달려 있어요.
수목고사리는 높이가 20m까지 자라기도 하지요.
고사리의 어린 잎은 삶아서 나물로 먹습니다.

이끼

습기가 많은 곳이면 땅, 나무, 바위 어디든 자랍니다.
짧고 가냘픈 줄기에 조그만 잎이 달려 있고,
뿌리가 연약하거나 머리카락 같은 헛뿌리가 있습니다.
비가 오면 수그루에서 정자가 나와 암그루로 헤엄쳐 가서
난자와 수정하고 홀씨가 생깁니다.

쇠뜨기와 석송
지금은 많이 사라졌어요. 하지만 3억 년 전에는
수많은 종류가 번성하여 큰 숲을 이루었습니다.

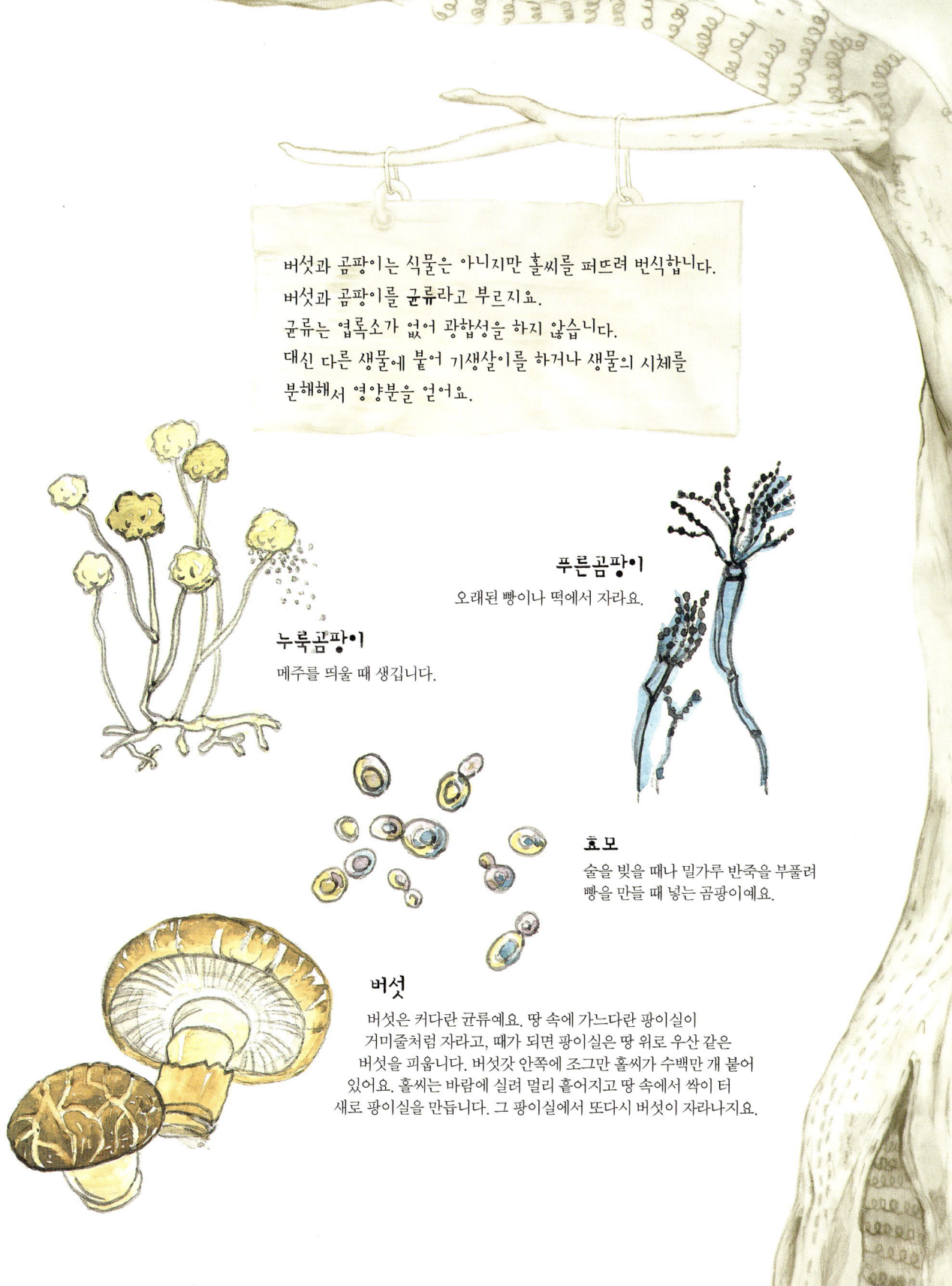

버섯과 곰팡이는 식물은 아니지만 홀씨를 퍼뜨려 번식합니다.
버섯과 곰팡이를 균류라고 부르지요.
균류는 엽록소가 없어 광합성을 하지 않습니다.
대신 다른 생물에 붙어 기생살이를 하거나 생물의 시체를
분해해서 영양분을 얻어요.

푸른곰팡이
오래된 빵이나 떡에서 자라요.

누룩곰팡이
메주를 띄울 때 생깁니다.

효모
술을 빚을 때나 밀가루 반죽을 부풀려
빵을 만들 때 넣는 곰팡이예요.

버섯
버섯은 커다란 균류예요. 땅 속에 가느다란 팡이실이
거미줄처럼 자라고, 때가 되면 팡이실은 땅 위로 우산 같은
버섯을 피웁니다. 버섯갓 안쪽에 조그만 홀씨가 수백만 개 붙어
있어요. 홀씨는 바람에 실려 멀리 흩어지고 땅 속에서 싹이 터
새로 팡이실을 만듭니다. 그 팡이실에서 또다시 버섯이 자라나지요.

식물 표본을 만들어 보세요

식물 채집할 때 필요한 준비물

책 식물을 넣어올 때 필요해요.
가위 식물을 뿌리째 뽑지 말고 가위로 자르세요.
비닐봉지 책이 없으면 채집한 식물을 깨끗한 비닐봉지에 넣어 옵니다.

식물 표본 만들기

1. 채집한 식물이 많이 시들었으면 식물을 비닐봉지에 담고 분무기로 비닐봉지 속에 물을 뿜어 주세요.

2. 채집한 식물을 신문지나 종이 위에 잘 폅니다. 손보다 집게를 쓰는 게 더 좋아요.

3. 식물 위에 신문지를 덮고, 무거운 책으로 잘 눌러둡니다.

4. 3주일쯤 지나면 식물이 완전히 마릅니다.

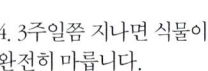

주의!
일주일 동안은 날마다, 일주일이 지난 후에는 일주일마다 식물의 위아래에 있는 신문지를 갈아 주세요. 그렇지 않으면 식물이 썩거나 식물의 색깔이 변한답니다. 신문지 대신 책갈피에 끼워 두었다면 다른 책갈피로 자주 옮겨줘야 해요.

식물 표본집을 만들었어요

1. 식물이 완전히 마르면 식물 표본 공책에 마른 식물을 붙입니다. 식물을 붙일 때는 반창고를 쓰고, 공책은 종이가 두꺼울수록 좋아요.

2. 이름표를 붙입니다. 채집한 곳, 채집한 날짜, 식물의 이름과 특징도 함께 기록하세요.

3. 채집한 식물에 대해 더 많이 알려면 식물도감을 준비하세요.

# 식물에만 있는 신비한 눈 이야기

　식물의 몸은 잎과 뿌리와 줄기로 되어 있어요. 하지만 맨처음에는 잎도 뿌리도 줄기도 없이 조그만 씨였답니다. 수백 년 살아가는 큰 나무도 처음에는 조그만 씨였어요. 씨 속에는 잎도 가지도 꽃도 없지만 싹이 트고 점점 자라면서 무성한 나무가 되지요. 식물의 몸과 여러분의 몸을 비교해 보세요. 여러분은 태어날 때부터 손과 발, 눈과 입, 머리와 머리카락, 심장이 있었지요? 하지만 식물은 가지와 잎과 꽃들이 나중에 차츰차츰 생겨납니다. 처음에는 가지도 잎도 꽃도 없었는데 어떻게 모두 새로 생겨나는 걸까요?

　식물이 자라고 꽃이 피고 가지와 잎이 무성해지는 건 모두 눈 때문이랍니다. 가지도 잎도 꽃도 어느 날 불쑥 솟아나는 게 아니예요. 눈이 자라서 가지가 되고 잎이 되고 꽃이 되지요. 눈이 없으면 새 잎도 가지도 꽃도 생기지 않는답니다! 눈은 오직 식물에게만 있어요(이 눈이 여러분 얼굴에 있는 눈과 다르다는 것은 알고 있겠지요?). 목련, 버들강아지, 백합, 장미, 동백, 둥굴레, 감자, 양파, 마늘, 당근, 개나리, 소나무, 벚나무, 버드나무, 참나무…… 모두 눈이 있지요.

　나무는 눈을 위해 일한답니다. 엄마와 아빠가 아이를 위해 일하는 것처럼 나무는 애지중지 눈을 보살핍니다. 아무도 안 볼 때 새도 곤충도 모르게 나무는 가지 겨드랑이에 조그만 눈을 만듭니다. 봄에 나뭇잎들이 따뜻한 햇빛을 받아 양분을 만들면 그것으로 맨먼저 눈부터 만들지요.

나무는 여름 내내
눈을 먹여 살리고, 겨
울에도 눈이 얼어죽지 않게
솜털옷이나 비늘옷으로 튼튼하게 감싸
줍니다. 눈은 여름에 힘을 기르고 가을에 쉬다가 겨울에 깊이깊이 잠을 잡니다. 추운 겨울을 이기고 이듬해 봄이 되면 눈들이 드디어 잠에서 깨어납니다. 눈은 쑥쑥 자라 새로운 꽃이 되고, 잎이 되고, 가지가 되지요.

   같은 해에 자라난 가지는 모두 형제예요. 새 가지에서 이듬해 또 눈을 만들고, 그 눈에서 자라난 가지가 이듬해 또 눈을 만들고, 또 새로운 가지가 돋아나고……. 이렇게 해서 나무는 가지도 무성하게 자라나지요. 할아버지 가지, 아들 가지, 손자 가지가 한 나무에 사이좋게 살아갑니다.

눈을 찾아보세요

나뭇잎이 가지에 붙어 있는 곳이나 가지 끝을 유심히 살펴보세요. 눈은 색깔도 모양도 느낌도 가지가지예요. 그래서 '이렇게 생겼다.' 하고 콕 집어 알려줄 수는 없답니다. 하지만 조그맣고 둥글거나 조그맣고 뾰족한 것이 가지에 붙어 있는데, 잎도 아니고 혹도 아니고 열매도 아닌 것을 찾았다면 성공이에요!

목련
이듬해 봄에 꽃이 될 거예요.
꽃이 되는 눈을 꽃눈이라고 하지요.
꽃눈은 둥글고 통통해서 찾기 쉬워요.

산수유
산수유 눈은 부드럽고 따뜻한 솜털로 덮여 있어요.

물오리나무
물오리나무의 눈은 두툼한 가죽옷을 입고 있어요.

동백나무
겨울을 나려고 눈이 비늘로 싸여 있어요.

참나무
이듬해 봄에 새 가지가 될 거예요.

생강나무
새 잎이 돋아날 잎눈이에요.
잎눈은 보통 모양이 가늘고 길어요.
봄이 되면 생강나무는 잎눈보다
꽃눈의 싹이 먼저 돋아납니다.

둥굴레
이듬해 봄이 되면 땅 속 눈에서
새싹이 돋아나요.

벚나무
꽃눈과 잎눈이 눈 속에 함께 들어 있어요.

참나리
동그란 알눈 좀 보세요!

식물마다 꽃눈이 생기는 때가 달라요.
밀, 보리, 시금치, 콩은 낮이 밤보다 길 때
꽃눈을 만들고 벼, 국화, 코스모스, 명아주는
밤이 낮보다 길 때 꽃눈을 만들어요.

이사 가는 눈

한해살이나 두해살이, 여러해살이 풀들도 눈이 있어요. 풀들은 시간이 금과 같답니다. 고추와 호박의 눈은 태어나자마자 쉴 틈도 없이 가지로 자랍니다. 고추와 호박은 한 해밖에 못 살기 때문에 부지런히 가지를 뻗고 잎을 피워야 하지요.

풀의 눈은 엄마 줄기에서 떨어져 혼자 살아가기도 합니다. 엄마 풀이 눈들을 지켜줄 힘이 모자라면 눈은 엄마 줄기를 떠나 혼자서 살아가지요 (나무는 크고 튼튼해서 줄기에 눈들이 아무리 많이 있어도 다 보살피고 먹여 살릴 수 있어요). 나리꽃의 눈이 그렇답니다. 나리꽃의 눈은 바람이 조금만 불어도 땅으로 떨어지지요. 엄마 나리꽃은 아기 눈이 혼자서도 잘 살아갈 수 있게 미리 식량 주머니를 만들어 주었습니다. 나리꽃의 눈은 땅에 떨어져 씨처럼 싹이 틉니다(식물은 대부분 씨로 번식하지만 나리, 백합, 마늘, 감자, 양파는 눈으로도 번식할 수 있습니다).

옛날에 나는 눈이 식물에게 얼마나 소중한지 알지 못했어요. 학교에서는 잎과 뿌리, 줄기와 꽃에 대해서는 많이 가르쳐 주었지만 왠일인지 눈에 대해서는 별로 가르쳐 주지 않았지요. 그런데 감자가 눈을 얼마나 잘 보살피는지 알고 나는 깜짝 놀랐습니다.

감자는 땅 속에도 줄기가 있습니다. 우리가 먹는 부분이 땅속줄기이고, 땅속줄기에 감자의 눈이 있답니다. 때가 되면 엄마 줄기는 죽고 감자의 눈은 혼자 살아가야 하지요. 하지만 감자의 눈은 엄마 줄기가 보살펴 주지 않는다면 당장 굶어 죽습니다. 엄마 줄기는 어린 눈을 죽도록 내버려 둘 수 없지요. 그래서 눈을 위해 뚱뚱하게 변해갑니다. 원래 줄기는

땅 위에서 햇빛을 받으며 잎을 피워야 하는데, 감자는 그런 즐거움을 포기하고 줄기가 땅 속에서 뚱뚱해져 어린 눈이 먹을 식량이 되지요(모습이 너무나 달라져서 사람들은 감자가 원래 줄기인 줄 생각도 못한답니다). 감자를 한번 보세요. 감자 곳곳에 움푹 파인 곳이 있고 거기에 눈이 있답니다. 감자를 바깥에 오래 두면 눈에서 싹이 트는 걸 볼 수 있지요.

집에서 먹는 곡식이나 채소에서 눈을 찾아보세요!

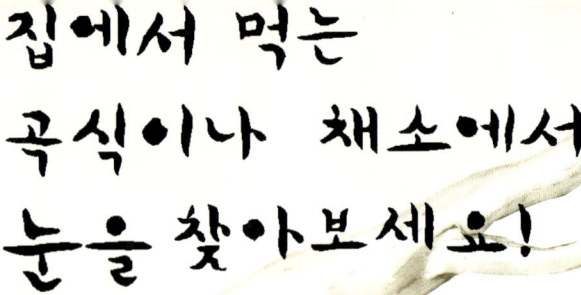

마늘
우리가 먹는 마늘 조각이
바로 마늘의 눈이에요.
마늘을 키울 때는 씨를
뿌리지 않고, 마늘 눈을 한쪽한쪽
떼어서 흙 속에 심습니다.

양파
한가운데 어린 눈이
숨어 있어요. 어린 눈은
둥글고 뚱뚱한 양파를 먹고
자랍니다. 양파를 따뜻한
곳에 두면 눈이 자라면서
양파가 점점 쪼글쪼글해져요.

미나리
미나리는 눈으로도 번식합니다.
줄기를 잘라 심으면 줄기 마디에 있는
눈에서 새 줄기가 돋아납니다.

감자
뚱뚱한 땅속줄기에
눈이 붙어 있어요.

고구마
고구마는 감자와 비슷하지만
눈이 붙어 있지 않습니다.
우리가 먹는 고구마는 뿌리예요.
고구마의 눈은 줄기에 붙어 있어요.

숲이 부자예요!

여러분에게 가족과 친구들이 있는 것처럼 식물도 혼자서 살아가지 않습니다. 풀과 나무가 모여 숲을 이루어 살아가지요. 수학에서는 1더하기 1은 2이고 100더하기 100은 200이지만 숲에서는 나무 100그루 더하기 100그루가 200그루가 아니에요. 100그루 더하기 100그루는 새로운 세계가 된답니다. 위대한 숲의 세계이지요.

내가 이 글을 쓰고 있는 지금은 가을이에요. 가로수 낙엽들이 떨어져 바닥에 뒹굽니다. 청소부 아저씨들이 낙엽을 쓸고 있어요. 나는 길가에 떨어진 낙엽들이 모두 어디로 사라지는지 모릅니다. 하지만 숲의 낙엽이 어디로 가고 무엇이 되는지는 알고 있지요.

숲에도 이제 곧 겨울이 닥쳐올 테지요. 낙엽들이 숲 속에 수북이 쌓여 땅을 덮어 줍니다. 낙엽은 숲의 담요예요. 낙엽이 땅을 덮어 주어서 겨울에도 흙이 조금은 따뜻하지요. 두툼한 낙엽 아래에서 벌레와 세균과 곰팡이들이 나뭇잎과 죽은 생물의 시체를 잘게 부수고, 먹고, 똥으로 눕니다. 이것들이 물에 녹아 흙 속의 거름이 되지요. 나뭇잎과 생물의 시체가 썩으면서 열이 나와 땅 속이 좀더 따뜻해집니다. 따뜻한 봄이 올 때까지 땅 속에서 조그만 생물들이 얼어 죽지 않고 살아가지요.

봄이 오면 땅 속의 뿌리가 깨어나 물과 거름을 빨아들입니다. 새싹이 돋고 나무에 잎이 피어나지요. 땅 속에 숨어 있던 애벌레들도 잠에서 깨어납니다.

봄과 여름 동안 풀들이 쑥쑥 자라고 나뭇잎들이 수없이 돋아납니다. 나무는 나뭇잎을 많이 만들어 일 년 내내 지혜롭게 나누어 씁니다. 나뭇잎 100장에서 양분을 만들면 20장의 양분은 자라는 데 쓰고, 20장은 꽃과 씨앗을 만드는 데 쓰고, 20장은 나무를 지키는 냄새와 독을 만드는 데 쓰고, 20장은 겨울을 위해 잘 저축한답니다. 그리고 나머지 20장은 숲의 생물들이 가져가지요. 나뭇잎을 애벌레가 먹고, 애벌레를 새와 곤충들이 먹고, 새와 곤충들을 숲 속 짐승들이 먹고 살아갑니다.

여름이 오고 비가 억수같이 쏟아져도 숲이 있다면 홍수도 이겨 내지요. 숲은 스펀지처럼 물을 저장한답니다. 식물의 뿌리와 이끼, 숲 바닥에 쌓인 동식물의 시체, 그리고 흙이 물을 빨아들이지요. 흙 속에는 미생물들이 우글거리고, 식물의 뿌리도 날마다 흙 사이로 뻗어갑니다. 미생물과 식물의 뿌리 덕분에 흙이 잘게 부서지고 흙 사이사이에 수없이 작은 틈들이 생겨납니다. 그 속으로 물이 스며들지요. 비가 내리면 숲의 흙은 물을 품었다가 천천히 계곡으로 내려 보냅니다.

숲에서는 나무와 풀들이 건강하고 싱싱합니다. 숲에서는 나무와 풀들이 작은 벌레, 곰팡이, 버섯, 박테리아들과 함께 살고 있지요. 작은 벌레와 박테리아와 버섯과 곰팡이들이 식물에게 거름을 만들어 줍니다. 땅 속의 곰팡이와 박테리아는 잘 보이지 않지만, 버섯은 쉽게 관찰할 수 있어요. 여름날 비가 개이고 난 뒤 후 숲에 가 보세요. 나무 밑을 보면 버섯이 솟아난 것을 발견할 수 있답니다. 숲에 버섯이 많이 피면 숲이 건강하다는 뜻이에요.

가을에는 숲이 더욱 풍성해져요. 숲은 여름내 자란 나무들로 울창하고 나무마다 열매가 달리지요. 열매 속에는 또 다른 나무가 될 씨가 들어 있어요. 하지만 열매 속의 씨가 모두 다 어른 나무가 될 수는 없답니다. 열매 열 개 가운데 아홉 개는 짐승들에게 먹힐 거예요. 그 중에 한 개는 무사히 싹으로 자라나지요. 싹으로 자라난 것 중에 대부분은 벌레에게 먹히지요. 그래도 한 개는 어린 나무로 자랄 수 있어요. 어린 나무 열 그루 중에 아홉 그루는 큰나무들에 가려서 햇빛을 받지 못하거나 폭풍우에 쓰러지거나 병이 들거나 사나운 짐승이 부러뜨릴지도 모릅니다. 하지만 그 중에 한 그루는 건강하게 자라 어른 나무가 되지요. 그런 나무들이 모이고 모여서 숲을 이룬답니다.

숲에서는 나무와 풀들이 주인이지만 나무와 풀들은 자기들끼리만 살지 않고 언제나 다른 생명들을 키워줍니다. 나무가 일부러 그렇게 하는 것은 아니지만 나무들은 다른 생물을 먹이고 보살피지요. 나무는 자기를 위해서 자라고 열매 맺고 씨앗을 퍼뜨리고 낙엽을 떨구지만, 자기도 모르게 숲을 건강하게 만들고 숲에 은혜를 베푼답니다.

여러분에게 나무 친구가 생겼으면 좋겠어요.

내가 좋아하는 레이첼 카슨 할머니
(1907~1964. 환경 운동가,

해양 생물학자)는 비 오는 날이 숲에 가기에 가장 좋은 날이라고 했답니다. 비 오는 날 숲으로 가 보세요. 위대한 숲의 비밀을 발견하러! 여러분이라면 무엇이든 발견할 수 있을 거예요. 꽃과 열매, 씨앗, 나뭇잎, 쓰러진 고목, 덤불, 낙엽이 있고, 낙엽 아래에 사는 신기한 벌레들, 달팽이와 지렁이, 새와 다람쥐, 버섯과 이끼도 볼 수 있지요.

하지만 여러분이 숲에서 뛰어놀 수 없다면…… 주위에 숲도 없고, 엄마 아빠도 너무 바빠서 숲에 데려가지 못한다면 작은 공원도 좋답니다. 돋보기를 들고 가서 잔디밭에 엎드려 들여다보세요. 눈 앞에 커다란 숲이 나타난답니다. 곤충들이 먹이를 찾아 늑대처럼 어슬렁거리고 있어요! 돋보기로 막 움트려는 꽃봉오리와 어린 눈을 들여다보세요. 봄이 어떻게 오는지 관찰해 보세요! 작은 공원이 없다면 작은 화분 하나라도 좋답니다. 씨앗을 심어보고, 싹이 움트는 것을 관찰하고, 뿌리와 줄기가 자라고 꽃이 피는 것을 볼 수 있지요.

그래서 여러분에게 나무 친구, 풀 친구가 생겼으면 좋겠어요. 공책에 나무 친구, 풀 친구의 이름을 적고, 그 모습을 꼼꼼하게 또는 재미있게 그려 보고, 나무 껍질과 잎사귀를 본떠서 공책에 붙이고, 키가 얼마나 자랐는지, 줄기가 얼마나 굵어졌는지, 가지가 몇 개나 더 생겼는지 세어 보고……. 여러분이 놀라고 즐거워할 일이 점점 많아졌으면 좋겠어요.

초등과학 주제학습 07 식물
식물 학교에 오세요!

지은이 | 김성화, 권수진
그린이 | 이민하

펴낸날 | 2007년 7월 20일 초판 1쇄
         2008년 4월 14일 개정판 1쇄

펴낸곳 | (주)도서출판 북멘토
펴낸이 | 김태완
편집주간 | 강봉구(bkkang67@naver.com)
마케팅 | 이용구
책임편집 | 최인수
디자인 | 02

출판등록 | 제6-800호(2006. 6. 13)
주소 | 121-816 서울시 마포구 동교동 113-81 2층
전화 | 02-332-4885 팩스 | 02-332-4875
홈페이지 | http://www.bookmentorbooks.co.kr

ⓒ 김성화, 권수진, 이민하 2006

* 이 책은 비매품입니다.
* 이 책은 저작권법에 따라 보호를 받는 저작물이므로 무단전재와 무단복제를 금합니다. 이 책의 전부 또는 일부를 쓰려면 반드시 저작권자와 출판사의 허락을 받아야 합니다.